Erstaunliche
Experimente

Einige Hinweise, bevor du beginnst ...

• Abkürzungen, die im Buch verwendet werden:

Ø = Durchmesser   km/h = Kilometer pro Stunde   l = Liter   mm = Millimeter
cm = Zentimeter   km/s = Kilometer pro Sekunde min = Minute
u. a. = und andere(s) u. v. m. = und vieles mehr

Text: François Aulas, Jean-Paul Dupré, Anne-Marie Gibert,
Patrick Leban, Joël Lebeaume

Illustrationen: Christian Broutin, Patrick Deubelbeïss, Pierre-Emmanuel Dequest,
Christophe Drochon, Jean-Jacques Hatton, Olivier Hubert,
Christian Jégou, Camille Ladousse, Yves Lavar, Nathalie Locoste,
Catherine Loget, Robert Nageli, Jean-Marc Pau, Jean-Claude Senée,
Claude Serine, Amato Soro, Etienne Souppart

Deutsche Übersetzung: Eva-Maria Müller, Augsburg
Satz: Filmsatz Schröter, München
Umschlaggestaltung: Atelier Versen, Bad Aibling

© **Mix**
Produktgruppe aus vorbildlich
bewirtschafteten Wäldern, kontrollierten
Herkünften und Recyclingholz oder -fasern
www.fsc.org   Zert.-Nr. SGS-COC-004278
© 1996 Forest Stewardship Council
FSC

Verlagsgruppe Random House FSC-DEU-0100
Das für dieses Buch verwendete FSC-zertifizierte
Papier *PlanoPlus* liefert Mondi Uncoated
Fine Paper, Ruzomberok.

Druck und Bindung: Tesinska Tiskarna, Ceszy Tesin
Printed in Czech Republic

ISBN 978-3-8094-2675-2

118880106X8 817 2635 4453 6271

Natur · Optik · Mechanik · Elektrizität

Erstaunliche
Experimente

Spielerisch Wissen entdecken

Bassermann

INHALT

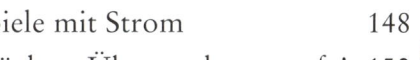

> • **Für manche Versuche brauchst du eine Kerze oder ein Feuerzeug. Sei damit sehr vorsichtig! Führe diese Versuche nur in der Küche oder im Badezimmer, in der Nähe von Waschbecken oder Spüle durch, und rücke brennbare Gegenstände von der Flamme weg. Zum Wasser kochen bittest du einen Erwachsenen um Hilfe.**

Praktische Hinweise

◔	Der Versuch ist schnell durchgeführt.
◑	Hierfür benötigst du etwa 1/2 Stunde Zeit.
●	Für diesen Versuch brauchst du viel Zeit
★	Ganz einfach!
★★	Leicht.
★★	Bei diesem Versuch musst du dich anstrengen.

Wasser steigt hoch

Wasser rinnt immer nach unten. Wenn es jedoch in ganz feinen Röhrchen zirkuliert, gibt es auch die Möglichkeit, dass es hochsteigt. Das nennt man Kapillarwirkung.

Wasserreservoir

Das Wasser steigt in der Baumwollschnur hoch, durchtränkt sie und damit auch die Pflanzenerde. In der Erde wird es von den Wurzeln aufgesaugt und steigt dann wieder in die Gefäße der Pflanze hoch.

Gitter

Docht (Baumwollschnur)

Anzeige für Wasserstand

Wasserbehälter

Automatische Bewässerung in den Ferien

Du benötigst:
- Baumwollstreifen, Kerzendocht oder Watte
- eine mit Wasser gefüllte Flasche
- eine Pflanze

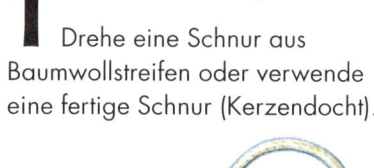

1 Drehe eine Schnur aus Baumwollstreifen oder verwende eine fertige Schnur (Kerzendocht).

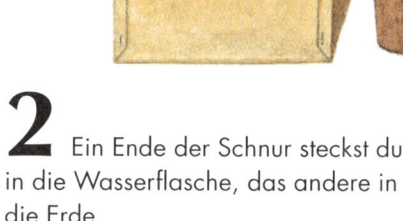

2 Ein Ende der Schnur steckst du in die Wasserflasche, das andere in die Erde.

> 💡 **Noch ein Tipp ...**
> Stelle die Flasche höher auf als die Pflanze. Noch besser funktioniert es, wenn du die Schnur durch ein Plastikröhrchen ziehst. So kann kein Wasser verdunsten.

Verschiedenfarbige Pflanzen

Du benötigst:
- 2 Jogurtbecher
- Wasser
- Tinte oder Lebensmittelfarben
- Blumen (Nelke oder Narzisse) oder andere Pflanzen (Selleriestange oder Petersilie)

1 Gib Wasser und Tinte in einen Becher. Stelle den Pflanzenstiel hinein und warte. Nach 12 Stunden wirst du staunen, was passiert ist.

2 Du kannst die Pflanze auch mit zwei Farben einfärben. Spalte den Stiel in zwei Hälften und setze jede Hälfte in einen Becher mit unterschiedlichen Farben (z. B. rot und blau).

Was passiert?

Das farbige Wasser steigt durch dünne Röhrchen (Gefäße) im Pflanzenstiel bis zu den Blättern hoch. Jedes dieser Röhrchen versorgt einen anderen Teil der Pflanze mit Wasser; deshalb wird die eine Hälfte blau, die andere rot.

Papierblumen blühen auch im Winter

Du benötigst:
- Schreibmaschinenpapier
- ein Wasserschälchen

1 Schneide nach dieser Vorlage eine Papierblüte aus. Du kannst aber auch eine andere Form erfinden. Innen bemalst du sie ganz wie du möchtest.

2 Entlang der gestrichelten Linie faltest du die Blütenblätter zusammen.

Wie kann das Wasser hochsteigen?

Das Wasser dringt in die Fasern des Papiers ein. An den Faltstellen der Blume führt das dazu, dass die Blätter sich öffnen.

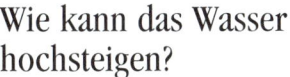

3 Die Papierblume setzt du auf die Wasseroberfläche: Langsam öffnen sich die Blütenblätter.

Wasser anheben

Wasser rinnt immer nach unten. Manchmal steigt es aber auch auf eigenartige Weise. Der Siphon ist ein Beispiel dafür.

Heronsbrunnen

Du benötigst:
- drei größere Gläser (eines davon mit Deckel)
- 2 Trinkhalme
- Kaugummi
- gefärbtes Wasser

Noch ein Tipp …
Noch schöner spritzt das Wasser, wenn du den Trinkhalm, der in Glas 3 führt, durch einen zweiten verlängerst.

1 Bohre zwei Löcher durch den Deckel und stecke die Trinkhalme hindurch. Der eine soll ein Stück über den Deckel hinausragen, der andere fast ganz. Befestige die Halme mit Kaugummi.

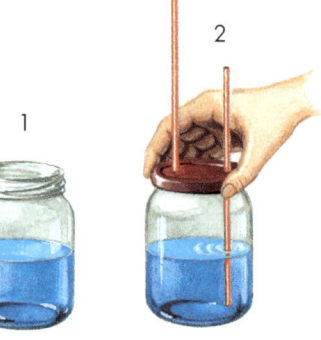

2 Dann füllst du zwei Gläser zur Hälfte mit Wasser und verschließt das eine mit dem Deckel.

3 Das dritte Glas stellst du unten auf, die anderen beiden installierst du der Zeichnung entsprechend. Das Wasser rinnt nach unten; dadurch entsteht eine Leere (Vakuum) in Glas 2, und dies saugt Wasser aus Glas 1 nach oben.
Der Springbrunnen funktioniert!

Ein Aquarium absaugen

Du benötigst:
– einen Plastikschlauch
– ein Aquarium
– einen Eimer

1 Stelle den Eimer etwas niedriger auf als das Aquarium.

Spritzspiel

So kannst du ganz einfach Pflanzen (oder Freunde!) bespritzen: Nimm das Glas mit den Trinkhalmen vom Springbrunnen, biege die Halme wie gezeigt und blase ins Glas … Durch den Luftdruck schießt sofort das Wasser heraus.

Druck zum Zerstäuben

Ein Parfüm-Zerstäuber funktioniert auch durch Blasen … und zwar mit dem Blasebalg. Die durchströmende Luft saugt im Schlauch die Flüssigkeit von unten an, dann wird sie in einen feinen Parfümnebel zerstäubt.

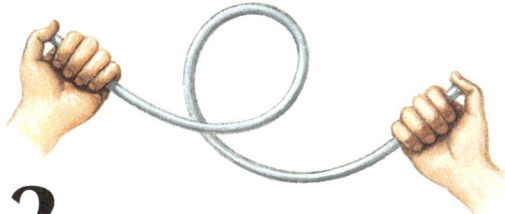

2 Dann saugst du den Schlauch ganz mit Wasser voll und verschließt die Enden gut mit den Daumen. So wird der Siphon gebildet.

3 Ein Ende setzt du ins Aquarium, das andere in den Eimer. Dann nimmst du die Daumen weg, und das Aquarium leert sich …

Der Mechanismus eines Siphons

In Waschbecken und Badewannen fließt das Wasser durch einen Siphon, ein gekrümmtes Rohr, ab. Unten bleibt immer etwas Wasser stehen, sodass kein schlechter Geruch aus dem Ausguss nach oben steigen kann.

Pumpen – ein anderes Mittel, um Wasser anzuheben

So funktioniert ein Ziehbrunnen.

Schmutzwasser reinigen

Wie macht man aus schmutzigem, salzigem, trübem Wasser sauberes und klares Wasser ohne Verunreinigungen?

Reinigung durch die Sonne

 ★

Du benötigst:
– ein Wasserbecken
– Klarsichtfolie
– Salz- oder Schmutzwasser
– ein Glas
– einen Kieselstein
– und Sonne!

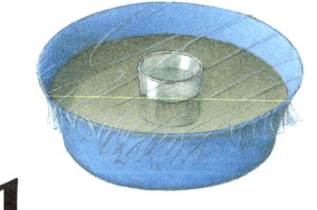

1 Stelle das leere Glas in die Mitte des zur Hälfte mit verunreinigtem Wasser gefüllten Beckens. Das Becken deckst du mit Klarsichtfolie ab und legst den Stein in die Mitte.

2 In der Sonne verdunstet das Wasser und tropft ins Glas. Verunreinigungen bleiben am Boden zurück.

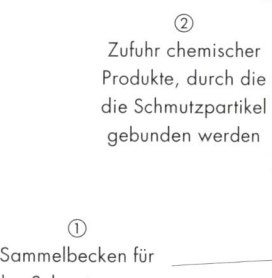

Eindicken des Klärschlamms

② Zufuhr chemischer Produkte, durch die die Schmutzpartikel gebunden werden

① Sammelbecken für das Schmutzwasser

③ Klärbecken: oben das klare Wasser; am Boden setzt sich der Schlamm ab

④ Filtern mit Sand

Kläranlagen

Abwasser, Regenwasser, Brauchwasser der Industrie ... Bevor gebrauchtes Wasser wieder in die Natur zurückgeleitet werden kann, muss es gereinigt werden – sonst sind Pflanzen und Fische in den Flüssen gefährdet. In Kläranlagen in der Stadt oder auf dem Land wird das Wasser gereinigt, gefiltert und sterilisiert, bevor es als Trinkwasser in den Kreislauf zurückkehrt.

Ozon-Generator

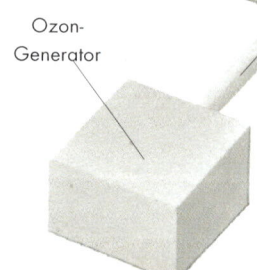

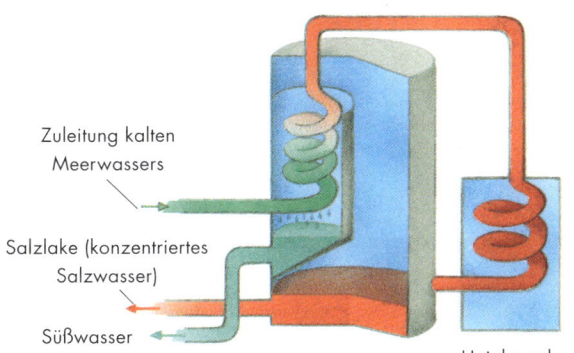

Zuleitung kalten Meerwassers

Salzlake (konzentriertes Salzwasser)

Süßwasser

Heizkessel

Vom Salzwasser zum Süßwasser

In heißen Ländern, wo Wasser Mangelware ist, wird Süßwasser aus Meerwasser gewonnen. Das Salzwasser wird erhitzt, verdunstet, und das Süßwasser kondensiert in einem kalten Rohr.

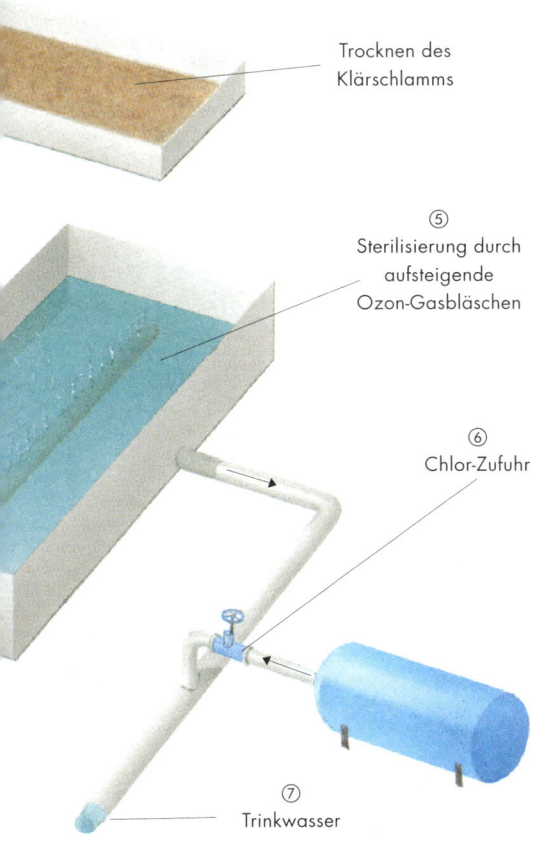

Trocknen des Klärschlamms

⑤ Sterilisierung durch aufsteigende Ozon-Gasbläschen

⑥ Chlor-Zufuhr

⑦ Trinkwasser

Schmutzwasser filtern

◑ ★ ★

Du benötigst:
– eine Plastikflasche (1,5 l)
– einen Trinkhalm
– einen Kaffeefilter
– Holzkohlenstaub
– feinen Sand
– feinen Kies
– gröberen Splitt
– Watte
– ein Glas
– Schmutzwasser

1 Schneide den Boden der Plastikflasche ab. Durch den Verschluss bohrst du ein Loch für den Trinkhalm.

2 Drehe die zugeschlossene Flasche um und fülle sie mit einer Lage Watte, gröberem Splitt, feinem Kies, feinem Sand und Holzkohlenstaub auf. Obenauf setzt du zum Schluss den Kaffeefilter und gießt vorsichtig das Schmutzwasser hinein.

Wasserdruck

In der Wasserleitung ist es die sich bewegende Wassermenge, die die Kraft erzeugt; unter Wasser steigt der Druck mit der Tiefe. Wasser, das unter Druck steht, hat eine enorme Kraft.

Ein Versuch zum Verständnis

Du benötigst:
– eine große Plastikflasche
– Knetmasse
– einen tiefen Teller
– einen Nagel
– Wasser
– eine Schere

1 Schneide die Flasche oben ab und bohre mit dem Nagel vier Löcher in unterschiedlicher Höhe durch die Wand. Die Löcher werden mit Knetmassekügelchen verschlossen.

2 Dann stellst du die Flasche in den Teller und füllst sie mit Wasser.

3 Nimm die Knetmassestöpsel weg. Aus dem untersten Loch schießt das Wasser kräftig heraus, aus den anderen Löchern jeweils weniger stark. Der Druck im Wasser hängt von der Höhe ab.

Tiefseetaucher

Durch den Druck unter Wasser nimmt das Blut der Taucher Gase auf. Wenn sie zu schnell auftauchen, dehnen sich diese Gase aus, weil der Druck abnimmt; im Blut können sich Bläschen bilden und eine Embolie hervorrufen, die oft tödlich ist. Um das zu vermeiden, steigen Tiefseetaucher nur sehr langsam wieder nach oben.

Ein Taucher unter Wasser

 ★★

Du benötigst:
- eine Kugelschreiberkapsel
- eine mit Wasser gefüllte durchsichtige
  Plastikflasche plus Verschluss
- 1 oder 2 Büroklammern
- ein Feuerzeug
  (oder eine Kerze)

1 Das Ende einer Büroklammer wird in der Flamme erhitzt und so durch den Stiel der Kugelschreiberkapsel gebohrt. Lass dir dabei von einem Erwachsenen helfen.

2 Dann hängst du beide Büroklammern ein. Sie dienen als Ballast.

3 Den fertigen „Taucher" setzt du ins Wasser. Durch die eingeschlossene Luftblase unter der Kapsel schwimmt der Taucher an der Oberfläche.

Extreme Tiefseeforschung

Alle 10 Meter nimmt der Druck unter Wasser um 1 kg pro cm² zu. U-Boote, die den Meeresgrund erforschen, müssen daher sehr robust sein. Kleine Forschungsboote wie z. B. Nautilus können heute problemlos bis in eine Tiefe von 6000 m hinabtauchen.

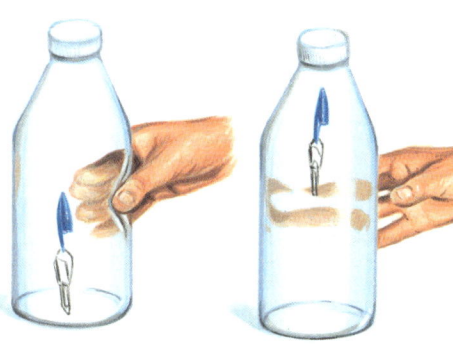

4 Jetzt verschließt du die Flasche und drückst sie an der Wand zusammen: Die Kapsel taucht nach unten. Lässt du los, steigt sie nach oben. Durch den Druck des Wasses auf die Luftblase wird diese kleiner, und der „Taucher" sinkt nach unten.

Druck und Tiefe

Einen Meter tief unter Wasser ist der Druck immer derselbe – ob im Meer, im Schwimmbad oder in der Badewanne. Der Druck hängt von der Höhe ab, nicht vom Volumen des Wassers oder seiner Zusammensetzung. Ist das nicht erstaunlich?

Die Wasseroberfläche

Die Oberfläche, die das Wasser von der Luft trennt, hat eine seltsame Eigenschaft: Sie verhält sich wie eine elastische Haut. Wenn man vorsichtig ist, kann man erstaunliche Dinge damit anstellen ...

Schwimmendes Metall

 ★★

Du benötigst:
- ein Glas mit Wasser
- eine Nadel
- eine Büroklammer
- einige Blättchen Zigarettenpapier
- Geschirrspülmittel

1 Setze vorsichtig ein Zigarettenpapierchen auf die Wasseroberfläche, dann legst du sofort die Nadel darauf. Beides schwimmt.

2 Langsam saugt sich das Papier voll und geht unter. Aber die Nadel schwimmt weiter: Sie hat die „Haut" auf dem Wasser nicht zerrissen (aufgrund der Spannung an der Oberfläche).

3 Jetzt fügst du einen Tropfen Spülmittel hinzu. Die Nadel geht unter, weil das Mittel die Stabilität der Oberfläche beeinträchtigt hat. Den Versuch kannst du auch mit einer Büroklammer machen.

Sieb und Regenschirm lassen kein Wasser durch

Normalerweise fließt das Wasser durch ein Sieb hindurch. Aber manche sind wegen ihrer Oberflächenspannung kaum durchlässig. Zum Beweis brauchst du nur ein paar Tropfen Wasser auf das Drahtgeflecht zu geben: Trotz der Löcher geht kein Wasser durch. Aus demselben Grund sind auch Regenschirme wasserundurchlässig. Willst du, dass das Wasser durchsickert, genügt es, mit dem Finger auf die Wasseroberfläche zu drücken. Und schon „tropft" es!

Geldstücke in einem Wasserglas

 ★

Du benötigst:
– ein Glas
– 10-Cent-Stücke

1 Das Glas bis zum Rand mit Wasser füllen.

2 Dann lässt du vorsichtig die Geldstücke ins Glas gleiten. Die Wasseroberfläche steigt und wölbt sich. Bei wie vielen Münzen läuft das Wasser über?

3 Wenn sich die Wölbung schön ausgebildet hat, kannst du wieder einen Tropfen Spülmittel hinzufügen. Was passiert?

Auf dem Wasser gehen? Ganz leicht!

Leicht? Ja, aber nur für die Wasserläufer. Sie haben am Ende ihrer Beine zahlreiche Härchen, mit denen sie sich auf die Wasseroberfläche stützen können, ohne sie zu verletzen.

Macht Wasser nass?

Je nach dem Material, auf das er trifft, verhält sich ein Wassertropfen unterschiedlich.

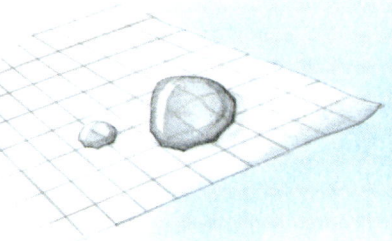

Auf Papier, einem hydrophilen Material (zieht Wasser an), breitet sich der Tropfen aus, und das Papier wird nass.

Auf einer hydrophoben Oberfläche (stößt Wasser ab) verbreitert sich der Tropfen nicht.

Bei noch stärker hydrophoben Oberflächen (z. B. Skisohle) bleibt der Tropfen fast kugelförmig. Die Oberfläche wird nicht nass.

Seifenblasen

Im Sonnenlicht schillern Seifenblasen in allen Regenbogenfarben; sie schweben mit dem Wind davon. Dabei bleiben sie immer rund, und sie vollbringen eine Menge mathematischer Kunststücke!

Seifenblasen machen

Du benötigst:
- eine Salatschüssel
- ein Glas Spülmittel
- 3 Gläser Wasser
- Draht und eine Zange

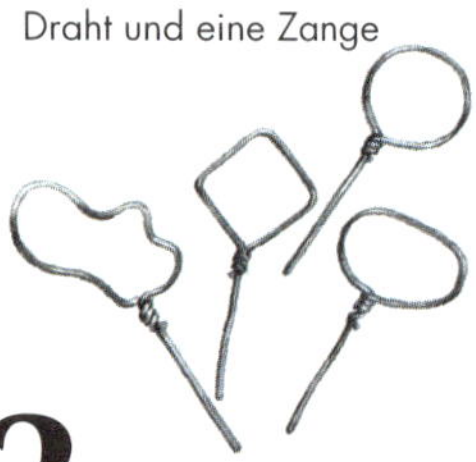

1 Mische Wasser und Spülmittel. Nicht zu stark rühren, damit sich nicht zu viel Schaum bildet.

2 Mit der Zange drehst du Drahtschlingen in verschiedenen Formen.

3 Hineinblasen, und die Seifenkugeln entstehen.

Eine elastische Flüssigkeit

Der dünne Film aus Seifenlauge existiert nur wegen der Oberflächenspannung, die die Wassermoleküle verbindet. Der Film ist elastisch, und die Blase nimmt Form an, ohne zu platzen.

Kunststücke mit Blasen

Eine Blase kannst du in eine andere hineinblasen oder einen Tunnel zwischen zwei Gläsern bauen.

Warum sind Seifenblasen rund?

Selbst mit einer viereckigen Drahtschlinge werden die Seifenblasen rund. Da der Seifenfilm elastisch, d. h. dehnbar ist, nimmt er von Natur aus die stabilste geometrische Form an, die es gibt – nämlich die der Kugel.

💡 : **Noch ein Tipp ...**
Wenn du in die Seifenlauge drei Gläser Glyzerin mischst (erhältlich in Apotheken), werden die Blasen noch stabiler.

Unglaublich: die Seifenwand

◑ ★ ★

Du benötigst:
- Seifenlauge-Glyzerin-Gemisch (siehe S. 16)
- ein langes Becken
- 5 m Schnur
- 2 Gewichte
- einen Besenstiel
- Reißzwecken

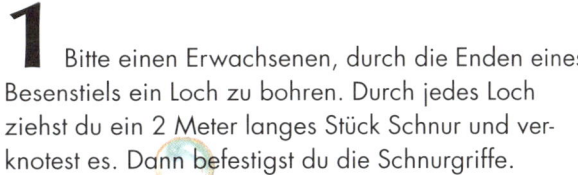

Reißzwecke

1 Bitte einen Erwachsenen, durch die Enden eines Besenstiels ein Loch zu bohren. Durch jedes Loch ziehst du ein 2 Meter langes Stück Schnur und verknotest es. Dann befestigst du die Schnurgriffe.

2 Befestige den Besenstiel mit den Schnüren oben an einem Türrahmen. Damit die Schnüre straff gespannt sind, hängst du an die Enden die Gewichte. Dann füllst du die Seifenlauge in das Becken.

Hast du das gewusst?

Eine Seifenblase kann praktischer sein als ein Computer! Es ist nämlich sehr schwierig, mit einem Computer die Innenfläche deiner Formen aus Draht zu bestimmen, weil diese nicht eben sind. Aber mit dem elastischen Seifenfilm kann man diese „Minimalfläche" ganz einfach sichtbar machen.

3 Tauche den Besenstiel in das Becken und ziehe ihn dann langsam an den Griffen oben wieder heraus. Und Stück für Stück entsteht die Seifenwand ...

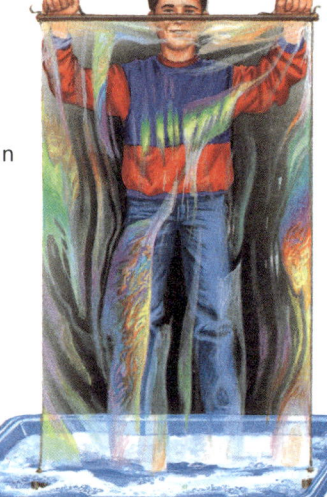

Ein Eisberg in deinem Glas

Wenn Wasser gefriert oder Eis wieder schmilzt, verändern sich die Eigenschaften des Wassers. Im Übergang vom flüssigen zum festen Zustand gibt es manche Überraschungen ...

Das Volumen von Eis

Du benötigst:
- eine Plastik-Margarineschachtel mit Deckel
- Wasser und eine Salatschüssel

1 Fülle die Schachtel bis an den Rand mit Wasser, dann verschließen und ins Gefrierfach stellen.

2 Am nächsten Tag hat das Eis den Deckel hochgedrückt. Das Volumen von Wasser ist im festen Zustand größer als im flüssigen.

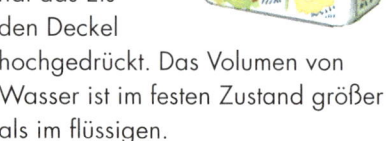

3 Setze den großen Eisklotz in eine zu drei Vierteln mit Wasser gefüllte Salatschüssel. Das Eis schwimmt: Es ist leichter als Wasser im Flüssigzustand. Trotzdem liegt der größte Teil unter Wasser. Wie bei einem richtigen Eisberg!

Eisberge – Schrecken der Meere

Wie ein Eiswürfel im Glas schwimmen auch die Eisberge im Ozean. Für Seeleute sind Eisberge eine Gefahr, weil nur ein Achtel ihres Volumens sichtbar ist. Wenn Schiffe auf einen Eisberg laufen, können sie sinken – wie die Titanic im Jahr 1912.

4 Was passiert, wenn der Eisklotz geschmolzen ist? Schwappt das Wasser über? Nein, der Wasserspiegel bleibt gleich. Tatsächlich ist das Volumen des Schmelzwassers sogar etwas geringer als das des Eises.

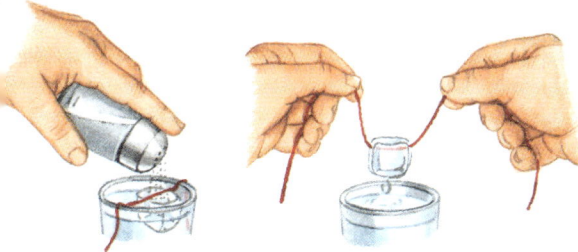

Wie hebt man einen Eiswürfel aus einem Wasserglas, ohne sich die Hände nass zu machen?

Lege einen Wollfaden über den Eiswürfel, bestreue ihn mit Salz und warte 20 Sekunden. Nun nimmst du den Faden an beiden Enden und kannst damit den Eiswürfel hochheben! Was ist passiert? Salz lässt das Eis schmelzen; dann löst es sich im Wasser auf. Das Wasser gefriert wieder und schließt dabei den Wollfaden mit ein. Sobald das Eis fest genug ist, kannst du den Würfel anheben.

Ohne Schnitt durchs Eis

Du benötigst:
– einen Eiswürfel
– Draht
– eine Flasche
– einen Kork
– 2 Gabeln

1 Lege einen Eiswürfel auf den Flaschenkork.

2 An jedem Ende des Drahts befestigst du eine Gabel. Dann hängst du die Gabeln wie abgebildet über den Eiswürfel und stellst die Flasche ins Gefrierfach.

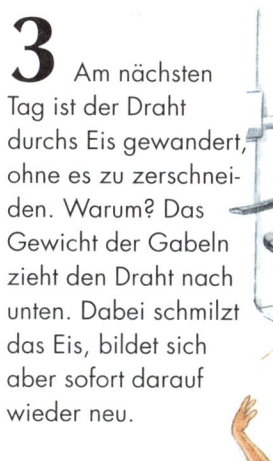

3 Am nächsten Tag ist der Draht durchs Eis gewandert, ohne es zu zerschneiden. Warum? Das Gewicht der Gabeln zieht den Draht nach unten. Dabei schmilzt das Eis, bildet sich aber sofort darauf wieder neu.

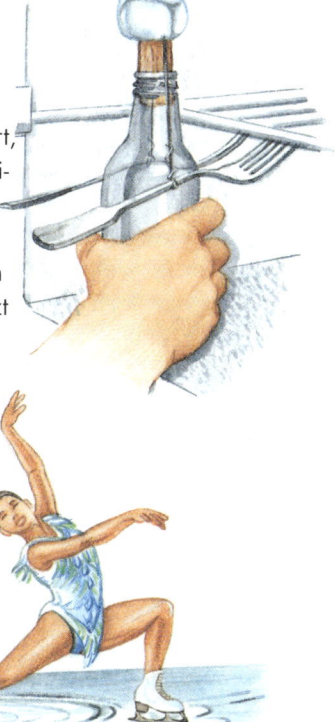

Hast du das gewusst?

Beim Eislaufen passiert dasselbe wie in diesem Versuch: Das Gewicht des Läufers lässt das Eis unter seinen Schlittschuhkufen schmelzen; aber die Wasserlinien frieren sofort wieder fest.

In den Wolken

Gewitterwolken, Schönwetterwolken, Regenwolken, Schäfchenwolken – die weißen Gebilde am Himmel haben verschiedenste Form. Woher kommen sie? Wie bilden sie sich?

Aus den Wolken kann man lesen

10 km

Cirrus-Wolken gehen häufig einer dichteren Bewölkung voraus.

Cirrostratus-Wolken bilden einen Schleier um die Sonne – Zeichen für Regen.

Cirrocumulus-Wolken künden schlechteres Wetter an.

6 km

Altocumulus-Wolken bringen oft Regen.

Cumulonimbus-Wolken sind Zeichen für Gewitter, Hagel oder Windböen.

4 km

Cumulus-Wolken sind die typischen Schönwetterwolken an Sommertagen.

Stratocumulus-Wolken bringen mäßigen Regen.

2 km

Stratus-Wolken bedeuten bedeckten, grauen Himmel, aber ruhige Wetterlage.

Wolken, Regen und Hagel

Wenn es sehr heiß ist, verdunstet Wasser und steigt als leichter Dampf nach oben. In den oberen Schichten ist die Luft kälter, und so bilden sich die Wolken durch Kondensation. Die kleinen Wassertropfen verbinden sich in der Luft zu großen Tropfen, die zu Boden fallen: Es regnet.

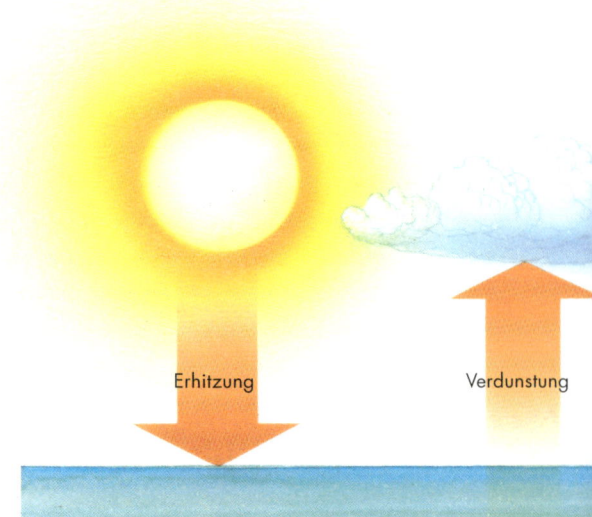

Erhitzung

Verdunstung

Wolken aus der Flasche

Du benötigst:
- ein großes hitzebeständiges Glasgefäß
- eine Schale mit Eiswürfeln
- sehr heißes Wasser

1 Gieße heißes Wasser in das Gefäß. Es steigt Wasserdampf auf.

2 Über das Gefäß hältst du nun die Eiswürfelschale. Sofort kondensiert der Dampf und verwandelt sich in winzige Wassertropfen, die in der Luft schweben. Das ist eine Wolke!

Kondensation von Wasser

Beim Abkühlen verwandelt sich Wasserdampf in kleine Tropfen: Man sagt, er „kondensiert".

Mit Wasserdampf aus einem Wasserkessel und einem Schöpflöffel, der im Gefrierfach lag, kommt es garantiert zur Kondensation.

Düsenflugzeuge hinterlassen weiße Streifen am Himmel. Auch das ist Wasserdampf, der in den Abgasen enthalten ist. Er kondensiert zu Wassertropfen, oder es bilden sich Eiskristalle.

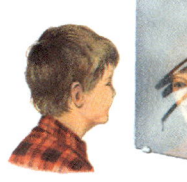

Wenn du an einen Spiegel hauchst, kondensiert der Wasserdampf aus deinen Lungen und bildet einen Beschlag.

Wasserdampf kondensiert bei Kontakt mit einem sehr kalten Gegenstand.

Kaum zu glauben!

Die in allen Wolken der Welt enthaltene Wassermenge bleibt immer gleich. Sie beträgt etwa 500 000 km³, das entspricht einem mit Wasser gefüllten Würfel von 80 Kilometer Seitenlänge.

Kondensation

Schnee

Regen

Abkühlung

abfließendes Wasser

Zucker löst sich in Tee oder Kaffee auf, Butter in der Suppe aber nicht. Wie ist das mit der Löslichkeit?

Ein bisschen Chemie

 ★

Du benötigst:
- 3 kleine Gläser mit Deckel
- Öl und Wasser
- Jodtinktur
- 90%igen Alkohol

1 Fülle Wasser in ein Glas und füge ein paar Tropfen Jodtinktur hinzu. Das Wasser wird braun.

Seife

Seife hat die Eigenschaft, Fettpartikelchen loszulösen und sie dann zu umhüllen. So bleibt das Fett im Wasser, und Wäsche oder Hände werden sauber.

2 Gieße etwas Öl in die Lösung. Dann schütteln und stehen lassen. Das Öl wird violett, d. h. die Jodtinktur löst sich besser in Öl als in Wasser.

3 Jetzt vermischst du Jodtinktur mit Öl und gießt etwas Alkohol hinein. Diesmal färbt sich der Alkohol, also löst sich die Jodtinktur noch besser in Alkohol als in Öl.

Seifenwasser

  ★

Du benötigst:
- ein Marmeladeglas mit Deckel
- Wasser und Öl
- Geschirrspülmittel

1 Gib etwas Öl in das mit Wasser gefüllte Glas und schüttele es. Das Öl schwimmt.

2 Nun fügst du Spülmittel hinzu und schüttelst wieder. Das Öl hat sich im Wasser aufgelöst, weil die Seife die kleinen Tropfen zerstört. Die Mischung ist jetzt milchig-trüb.

Lösen und übertragen

 ★ ★

Wasser   Terpentin   Spülmittel

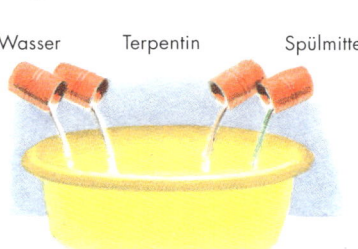

Du benötigst:
- Terpentin
- Spülmittel
- eine Zeitschrift
- ein sauberes Tuch
- einige Blätter Papier

1 Die Lösung mischst du aus zwei Teilen Wasser, einem Teil Terpentin und einem Teil Spülmittel.

2 Tränke das Tuch mit dieser Lösung und reibe damit eine Abbildung ein, die dir gefällt.

> 💡 **Noch ein Tipp ...**
> Achte darauf, dass du die Abbildung in der Zeitschrift nicht zu nass machst und drücke die ganze Oberfläche mit dem Rücken eines Löffels fest.

3 Dann legst du ein Blatt Papier darüber und drückst es fest. Das Bild überträgt sich auf das Papier, weil die Mischung die Farbe anlöst. Das Papier saugt sich damit voll. Für Einladungskarten ist das z. B. eine originelle Idee!

Wann ist die Lösung gesättigt?

In Salzwasserbecken wird Salz gewonnen. Das Meerwasser verdunstet, und das Salz bleibt übrig.

In ein Glas Wasser rührst du so viel Zucker, wie sich darin auflöst. Nach einigen Löffeln ist die Lösung gesättigt, d. h. zum Auflösen weiterer Zuckerkristalle ist nicht mehr genug Wasser vorhanden. Wie groß ist die Menge, wenn du mit Salz eine gesättigte Lösung erzielen willst?

Warme Luft ist leichter als kalte. Dadurch steigen Heißluftballone in die Höhe und setzen sich Mobiles in Bewegung… Auch Winde und Meeresströmungen entstehen, wenn Warmes und Kaltes zusammentreffen.

Eine Spirale als Mobile

 ★ ★

Du benötigst:
- ein Blatt Papier
- Faden und eine Nadel
- einen Zirkel
- eine Reißzwecke

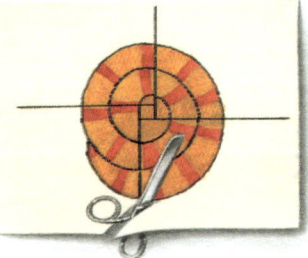

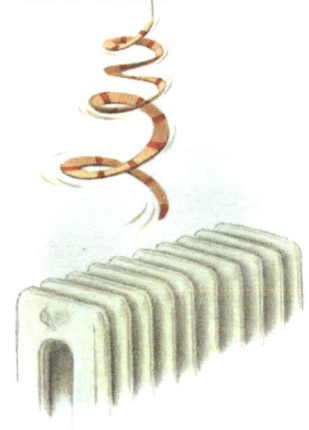

1 Zeichne die Spirale auf und schneide sie aus. Du kannst sie auch hübsch verzieren.

2 Mit einer Nadel ziehst du den Faden durch den Mittelpunkt deiner Spirale und hängst sie über einem Heizkörper auf. Die warme Luft strömt hinein, und sie bewegt sich!

Was ist Wind?

Die Erde dreht sich, und dadurch treffen kalte und warme Luftmassen aufeinander. Warme Luft steigt nach oben und kalte bleibt in tieferen Schichten. Wenn also zwei Luftmassen verschiedener Temperatur aufeinander stoßen, ruft das eine Luftbewegung hervor. So entsteht Wind.

warm

kalt

Heißluftballone

1783 ließen die Brüder Montgolfier, Papierfabrikanten in Annonay, eine „Montgolfière" mit 11 Metern Durchmesser hochsteigen. Der Ballon hatte eine doppelte Wand aus Leinen und Papier. In der Mitte des Korbs wurde auf einem Rost Stroh verbrannt. So entstand heiße Luft. Mehr als 1800 Meter stieg dieser erste Heißluftballon in die Höhe.

Eine warme Strömung

Du benötigst:
– 2 Gläser
– eine Füllerpatrone
– Kaugummi
– einen Eiswürfel

1 Ein Glas füllst du mit kaltem Wasser und wirfst einen Eiswürfel hinein.

2 In das andere gießt du heißes Wasser. Darin lässt du die mit Kaugummi beschwerte Tintenpatrone eintauchen.

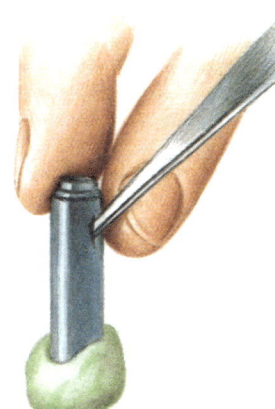

3 Fünf Minuten später nimmst du die Patrone heraus und stichst sie mit einer Schere an. Dann gibst du sie in das Glas mit kaltem Wasser.

4 Die warme Tinte läuft aus und steigt an die Oberfläche des kalten Wassers. Das ist eine warme Strömung.

Strömungen – in der Atmosphäre und im Meer

In den Weltmeeren gibt es Wassermassen mit unterschiedlicher Temperatur. Durch diese Schwankungen entstehen Strömungen. Die nordatlantische Strömung ist warm und erwärmt insbesondere die Küsten Norwegens.

Wärme leiten und speichern

In einer Thermoskanne bleibt Wasser auch im Sommer kalt. Warmer Kakao bleibt aber auch im Winter warm. Wie kommt es, dass Materialien Wärme speichern oder leiten?

Temperatur leiten

Du benötigst:
- 3 kleine Löffel (aus Holz, Plastik und Metall)
- kalte Butter
- ein Glas mit heißem Wasser

1 Auf den Rucken jedes Löffels klebst du mit etwas Butter eine Reißzwecke.

2 Stelle die drei Löffel in ein Glas mit heißem Wasser. Die Reißzwecken fallen herunter, weil das Material der Löffel sich erhitzt und die Wärme überträgt. Welches Material leitet am besten?

Kein Unterschied zwischen Fliesen und glühenden Kohlen?

Fliesen fühlen sich kalt an – obwohl sie dieselbe Temperatur wie die Umgebung haben. Stein ist ein guter Leiter und entzieht den Füßen die Wärme.

Ein Fakir verbrennt sich die Füße nicht – wenn er schnell über glühende Kohlen läuft. Durch Berührung leitet Kohle die Hitze nur schlecht.

In glühender Hitze ...

Mit aluminiumbeschichteten Schutzanzügen aus Asbest können sich Vulkanologen ganz dicht an Lavaflüsse heranwagen. Die Oberfläche reflektiert Infrarotstrahlung.

Konvektion

Beobachte an einem heißen Sommertag die Luftbewegung über einer heißen Oberfläche, z. B. über in der Sonne liegendem Asphalt. Die Luft steigt auf und nimmt die Hitze mit nach oben.

Strahlung

 ★

Du benötigst:
– ein Bügeleisen
– Karton
– ein Buch
– Alufolie

1 Klebe die Alufolie mit der glänzenden Seite nach oben auf den Karton. Biege diese reflektierende Fläche halbkreisförmig.

2 Das Bügeleisen stellst du vor diesen „Spiegel" und hältst die Hand hinter das Buch. Du fühlst die Wärme des Bügeleisens, ohne es zu berühren.

Isolierkiste

 ★

Du benötigst:
– eine kleine Schachtel (Karton)
– Zeitungspapier
– 2 kleine Gläser
– heißes Wasser
– ein Thermometer

1 Stelle eines der Gläser in die Schachtel und fülle sie mit zerknülltem Zeitungspapier aus. Stelle das zweite Glas neben die Schachtel.

2 Gieße heißes Wasser in die Gläser und miss in beiden die Temperatur.

3 10 Minuten später wird wieder Temperatur gemessen: Das durch die Zeitungen isolierte Glas hat dieselbe Temperatur, das andere ist abgekühlt.

Luft wirkt isolierend

Eingeschlossene Luft ist eine hervorragende und billige thermische Isolierung.

Damit wir nicht frieren, schließt unsere Kleidung Luft mit ein (Daunen, Wolle) …

… oder verhindert, dass sie durchdringt (Windjacke).

Glaswolle besteht aus tausenden von Fasern, die Luft umschließen.

Bei Isolierglas liegt eine Luftschicht zwischen zwei Scheiben.

Sonnenöfen

Die Sonne überflutet die Erde mit Licht und Wärme. Wie kann man diese kostenlose Energie gewinnen und konzentrieren?

Kochen mit Reflektoren

Du benötigst:
– Alufolie
– 20 Quadrate aus steifem Karton
   (10 cm Seitenlänge)
– ein kleines Metallgefäß
   mit Wasser
– ein Ei

1 Klebe Alufolie mit der glänzenden Seite nach außen auf die Kartonquadrate. Das sind die Spiegel. Glätte alle Falten.

2 Stelle das mit Wasser gefüllte Gefäß in die Sonne.

> **Noch ein Tipp ...**
> Wie schnell das Ei gekocht ist, hängt von der Anzahl der Spiegel ab. Stelle die am weitesten entfernten Spiegel auf einer kleinen Erhebung auf.

3 Die Spiegel stellst du so auf, dass jeder einzelne das Sonnenlicht auf den Behälter wirft. Schnell werden die gebündelten Sonnenstrahlen das Wasser zum Kochen bringen. Lege das Ei hinein; nach 4 Minuten ist es weich gekocht!

Ein Sonnenkollektor

Du benötigst:
– eine Glasscheibe (etwa 20 cm Seitenlänge)
– eine Metallplatte (etwa 20 cm Seitenlänge)
– 4 Styroporstücke
– schwarze Farbe
– eine kleine Konservendose

1 Streiche die Styroporteile schwarz an, die Dose nur außen.

2 Lege die Metallplatte in die Sonne. An den Seiten stellst du die Styroporstücke auf.

3 Dann schließt du die Schachtel mit der Glasplatte als Deckel. Das Licht dringt durch die Scheibe ins Innere, und die Hitze fängt sich dort. Zurück durch die Glasscheibe geht sie nicht. Das nennt man „Treibhauseffekt".

Ein Sonnenofen für die Forschung

Mit dem Sonnenofen von Odeillo in den Pyrenäen werden Materialien an dem Punkt aufgeheizt, an dem die Sonnenstrahlen zusammentreffen. Damit untersucht man das Verhalten von Materialien in der Hitze.

Unser Planet Erde – ein gigantischer Sonnenofen?

Die Sonne erhitzt die Erde. Bei klarem Himmel strahlt ein Teil dieser Wärme wieder in die Atmosphäre zurück. Bedeckter Himmel verhindert diese Energieabgabe. Seit über einem Jahrhundert reichert sich die Atmosphäre mit Treibhausgasen an. Auch diese von der Industrie stammenden Gase lassen keine Wärme abstrahlen. Wird die Erde also immer heißer? Man glaubt es, kann es aber noch nicht beweisen.

Materie + Licht = Wärme

Sonnenlicht transportiert eine Energie, die nur nachweisbar ist, wenn sie auf Materie trifft. Der leere Raum zwischen den Planeten wird daher nicht von der Sonne erhitzt. Dagegen heizen sich Stoffe (Luft, Wasser, der menschliche Körper, Felsen usw.) in der Sonne auf.

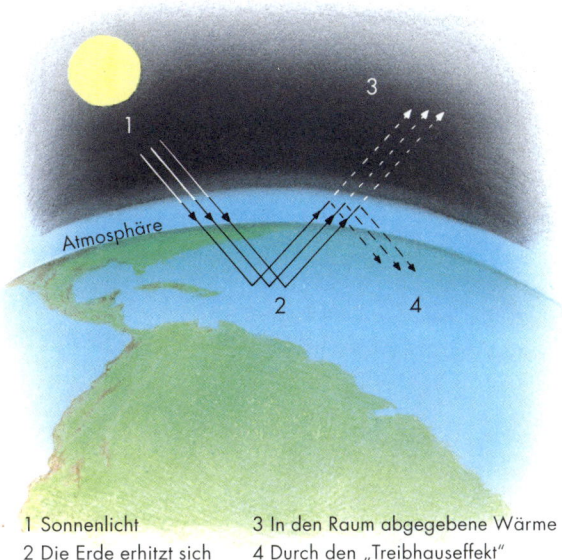

1 Sonnenlicht
2 Die Erde erhitzt sich
3 In den Raum abgegebene Wärme
4 Durch den „Treibhauseffekt" gespeicherte Wärme

Temperatur

Entsprechend den Schwankungen der Außentemperatur verändert sich das Volumen bestimmter Materialien wie verschiedener Metalle oder von Gas geringfügig: Bei Wärme dehnen sie sich aus, bei Kälte ziehen sie sich zusammen.

Ausdehnung einer Büroklammer

Du benötigst:
– eine Büroklammer
– eine kleine Zange
– einen Trinkhalm
– ein Stück Karton
  (15 × 15 cm)
– eine Stecknadel
– ein Feuerzeug

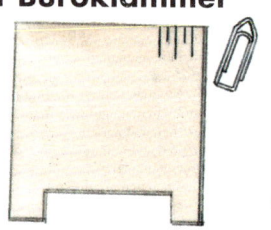

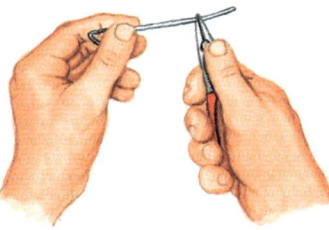

1 Den Karton der Zeichnung entsprechend zuschneiden; dann die Maßeinheiten antragen.

2 Mit einer kleinen Zange biegst du die Büroklammer so auf, dass das gerade Ende im rechten Winkel zum Anfang steht. Den Haken links von der Einkerbung durch den Karton stoßen.

3 Dann befestigst du mit der Stecknadel den Trinkhalm auf dem Karton. Er soll das freie Ende der Büroklammer berühren.

4 Das Ganze legst du auf den Rand einer Arbeitsplatte; wenn ein Erwachsener die Büroklammer erhitzt, dehnt sie sich aus und bewegt den Trinkhalm.

Ansteigen der Meere

Wenn die Temperaturen ansteigen (siehe „Treibhauseffekt", S. 29), dehnt sich auch das Wasser der Ozeane aus. Mit der Zunahme des Volumens überflutet das Meer zahlreiche tiefer gelegene Küsten.

Ausdehnung für Messzwecke

Alkohol und Quecksilber reagieren sehr empfindlich auf Temperaturveränderungen. Mithilfe ihrer Ausdehnung stellt man sehr genaue Thermometer her. Die unterschiedlichen Volumen zeigen die Temperatur an.

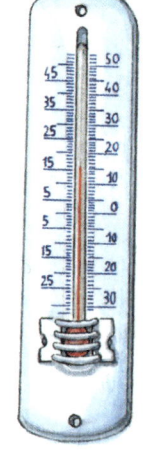

Fragen

Der schwedische Wissenschaftler Celsius hat festgesetzt, dass zwischen dem Schmelzpunkt von Eis (0 °C) und dem Siedepunkt von Wasser (100 °C) 100 Grad liegen.
Mit welcher Art von Thermometer (Quecksilber oder Alkohol) kann man
1 den Siedepunkt von Wasser
2 die niedrigste Temperatur auf der Erde messen?
Hilfen findest du bei den Temperaturhinweisen auf S. 31.
Antworten siehe S. 154.

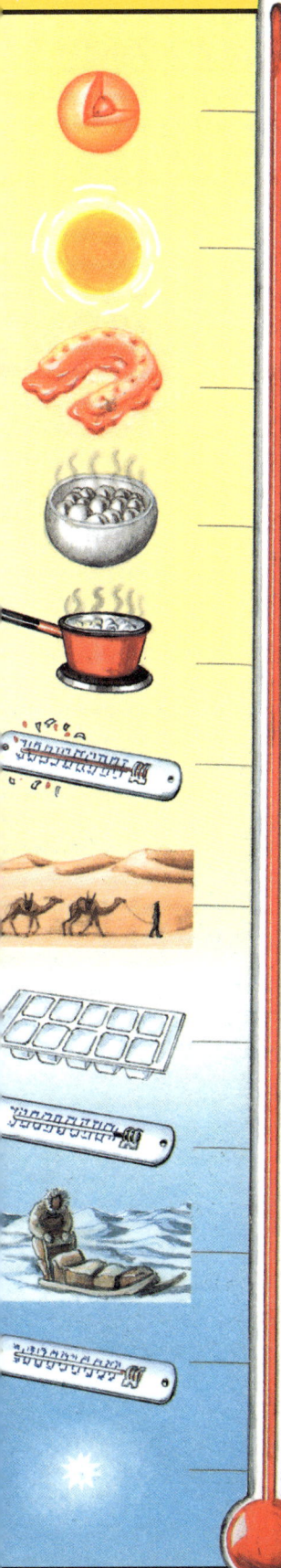

14.000.000 °C
im Inneren der Sonne

5527 °C
an der Oberfläche der
Sonne

1535 °C
Eisen schmilzt

357 °C
Quecksilber kocht

100 °C
Wasser kocht

78 °C
Alkohol kocht

58 °C
höchste Temperatur
auf der Erde

0 °C
Wasser gefriert

−39 °C
Quecksilber gefriert

−89 °C
niedrigste Temperatur
auf der Erde

−30 °C
Alkohol gefriert

−273,15 °C
absoluter Null- oder
Gefrierpunkt

Alkoholthermometer

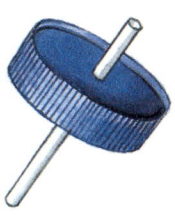

Du benötigst:
– ein Gläschen mit Verschluss
– einen Trinkhalm und Klebstoff
– 70%igen oder 90%igen Alkohol
– eine Tasse mit heißem Wasser

1 In den Deckel ein Loch bohren und den Trinkhalm hindurchstecken. Dann füllst du das Glas bis oben hin mit Alkohol. Gut verschließen, und schon ist das Alkoholthermometer fertig.

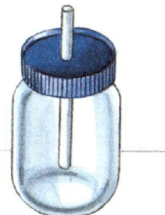

2 Dein Thermometer stellst du in eine Tasse mit heißem Wasser. Jetzt kannst du beobachten, wie der Alkohol im Trinkhalm steigt: Auch Flüssigkeiten dehnen sich bei Hitze aus.

Ausdehnung ohne Reißen

Eine Metallkonstruktion muss hohe Temperaturen im Sommer und winterliche Kälte ohne Schäden überstehen.

Durch einen Zwischenraum können die Schienen sich ausdehnen.

Diese Brücke rollt, wenn sie sich ausdehnt oder zusammenzieht.

Licht ist für das Leben der Pflanzen unerlässlich. Sie wachsen, um ein Maximum an Licht aufzufangen.

Labyrinth für eine Kartoffel

 ★★

Du benötigst:
– einen Schuhkarton
– Karton
– ein Plastikgefäß
– Erde
– 2 Kartoffeln mit Trieben
– Klebeband

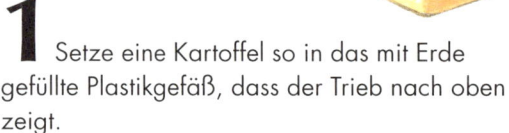

1 Setze eine Kartoffel so in das mit Erde gefüllte Plastikgefäß, dass der Trieb nach oben zeigt.

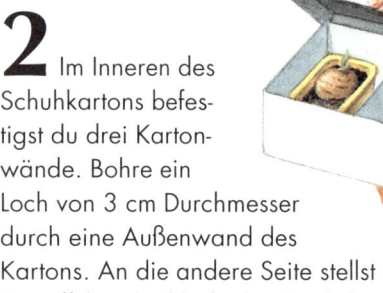

2 Im Inneren des Schuhkartons befestigst du drei Karton-wände. Bohre ein Loch von 3 cm Durchmesser durch eine Außenwand des Kartons. An die andere Seite stellst du die Kartoffel und schließt den Deckel.

3 Den Karton stellst du an einen sonnigen Platz. Lege die zweite Kartoffel daneben. Sie dient zum Vergleich.

Ein paar Tage später …

… schlängeln sich die weißlichen Trie-be zwischen den Kartonwänden durch das Loch nach drau-ßen. Im Gegensatz dazu sind die Triebe der zweiten Kartoffel kurz, kräftig und richtig grün. Die Pflanze richtet sich in ihrem Wachstum noch nach der klein-sten Lichtquelle aus.

Warum sind Blätter grün?

Licht ist die Voraussetzung dafür, dass Pflanzen grün werden. Mithilfe von Licht als Energiequelle produzieren sie Chlorophyll.

Farbloses Gras

Lege ein Stück Karton auf den Rasen und warte mehrere Tage …

… Das Gras darunter hat seine grüne Farbe verloren und ist weiß geworden.

Gestreiftes Blatt

Befestige mit einer Büro-klammer mehrere Papp-streifen auf einem Blatt. Warte ein paar Tage. Was ist geschehen?

Kletterkarotte

Du benötigst:
– eine Karotte mit Kraut
– ein Messer
– Schnur
– ein Holzstäbchen
  (Schaschlikspieß)

1 Schneide die Karotte etwa 5 cm über ihrem dicken Ende ab und höhle sie vorsichtig aus, sodass ein kleiner Behälter entsteht.

2 Durch die Karotte steckst du das Stäbchen und verknotest an jedem Ende die Schnur.

3 Hänge dein „Gefäß" in einem hellen Raum auf und fülle es mit Wasser auf. Achte darauf, dass es mehrere Tage immer gut gefüllt ist. Die Karotte ist mit dem Kopf nach unten aufgehängt, aber die Triebe biegen sich nach oben: Sie suchen das Licht.

Kaum Wachstum im Schatten!

In den tropischen Urwäldern kommen nur die Baumkronen ans Licht. Im schattigen Unterholz entwickeln sich die Pflanzen nur langsam. Erst wenn ein Riesenbaum abstirbt, gibt es wieder einen Sonnenplatz.

Wasser und Wärme – mehr brauchen Pflanzen nicht zum Wachstum und für ihre Entwicklung.

Der Garten im Glas

Du benötigst:
- eine große Glaskugel mit Stöpsel
- ein Stäbchen
- Blumenerde
- etwas Kies
- kleine Pflanzen

1 Den Boden der Kugel bedeckst du mit einer Schicht Kies. Darüber kommt die Erde.

2 Mit dem Stäbchen gräbst du kleine Löcher, in die du die Pflanzen einsetzt. Gießen und die Kugel zwei Tage lang offen lassen.

Kreislauf
Die Pflanzen geben Feuchtigkeit ab, der Wasserdampf setzt sich an den Wänden ab. In Tropfen rinnt das Wasser dort hinunter und tränkt die Erde.

3 Dann kannst du das Gefäß verschließen. Die Pflanzen wachsen jetzt ohne weiteres Gießen. Damit Frischluft hereinkommt, öffnest du den Stöpsel einmal in der Woche für eine Stunde.

Gemüse auch im Winter

Dank der Wärme in einem Treibhaus können Gemüsegärtner zu jeder Jahreszeit Obst und Gemüse anbauen, das sonst nur im Sommer wachsen würde.

Ein Mini-Treibhaus

Das Gras unter der Plastikflasche wächst schneller als das im Freien.

Pflanzen und das Klima

Wälder sind Teil des großen Wasserkreislaufs in der Natur. Eine Linde gibt pro Tag allein 200 Liter Wasser ab, eine Weide 75 Liter. In heißem und trockenem Klima passen sich die Pflanzen der Dürre an: Statt Blätter haben sie Nadeln, was die Wasserabgabe verringert; Blattstiele und Blätter bilden Wasserspeicher. Auch die Wachstumszeit ist sehr kurz: Ein einziger Regenguss genügt, und die Wüste blüht.

Schwitzen ohne Anstrengung

Schließt man ein Blatt in eine Plastikhülle ein, zeigen sich nach ein paar Tagen Wassertropfen im Inneren: Die Pflanze gibt Feuchtigkeit ab, sie „schwitzt".

Erzwungene Feuchtigkeitsabgabe

Die in der geschlossenen Glaskugel enthaltene Feuchtigkeit wird immer wieder verwendet. Auch die Wärme bleibt erhalten – ein ideales Klima für Pflanzen.

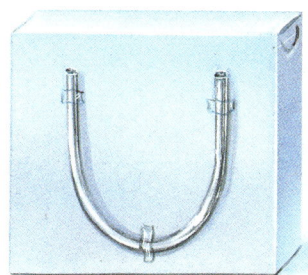

1 Mit dem Klebeband befestigst du den Schlauch u-förmig an der Schachtel.

Du benötigst:
– eine leere Cornflakes-Schachtel
– 50 cm durchsichtigen Plastikschlauch (Ø 1 cm)
– Klebeband
– einen Trichter
– einen Geranienzweig
– einen Fön

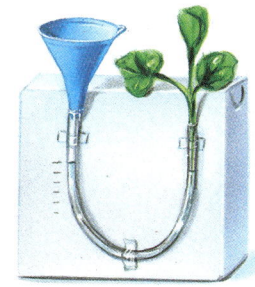

2 Dann steckst du den Trichter auf und füllst den Schlauch mit Wasser. In die andere Öffnung steckst du den Zweig.

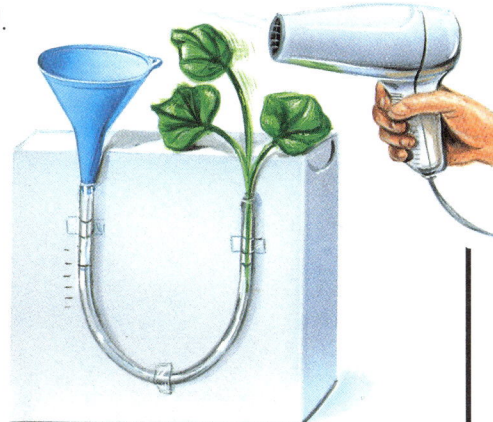

3 Mit dem Fön simulierst du einen heißen und trockenen Wind. Die Pflanze gibt Feuchtigkeit ab und saugt gleichzeitig Wasser aus dem Schlauch auf. Das Wasser verdunstet durch winzige Öffnungen an der Unterseite der Blätter.

Stecklinge und Ableger

Bestimmte Pflanzen vermehren sich nicht allein durch Samen und Blüten. Auch durch Stecklinge und Ableger können neue Pflanzen entstehen.

Vermehrung durch Ableger

● ★ ★

Du benötigst:
– ein freies Stück Erde
– eine Baumschere oder normale Schere
– eine u-förmige Klammer
– eine Pflanze

1 Schneide die untersten Zweige der Pflanze ab.

2 An einem Ast schneidest du auch die unteren Blätter weg.

3 Biege den Zweig nach unten und befestige ihn mit der Klammer. Mit Erde bedecken.

Ableger

Bei der Vermehrung durch Ableger wird ein Zweig der Pflanze in die Erde gesteckt, damit sich eigene Wurzeln ausbilden. Dann schneidet man ihn von der Mutterpflanze ab. Dieses Verfahren funktioniert gut mit Yucca, Brombeersträuchern, Heidekraut und Erdbeerpflanzen.

Pflanzen unendlich vermehren

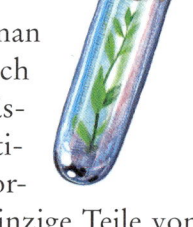

Seit einigen Jahren kann man fast alle Pflanzen künstlich vermehren. In kleinen Gläschen mit Nährstoffen, Antibiotika und Wachstumshormonen ziehen Biologen winzige Teile von Stielen heran. So können beispielsweise aus einem einzigen Rosenstock mehrere Millionen Pflanzen werden, die absolut identisch sind.

4 Gut gießen.

Vermehrung durch Stecklinge

Du benötigst:
- eine Baumschere oder normale Schere
- ein Stück Holzkohle
- eine geeignete Pflanze, z. B. Gemüseampfer (Knöterich), Geranie, Papyrus, Dreimasterblume u. a.
- ein Glas mit Wasser
- einen Blumentopf und Erde

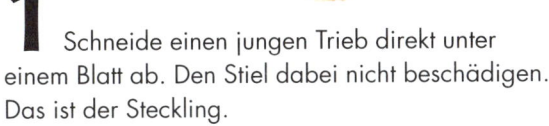

1 Schneide einen jungen Trieb direkt unter einem Blatt ab. Den Stiel dabei nicht beschädigen. Das ist der Steckling.

Vom Steckling zum Klon

Gleiche Pflanzen durch Vermehrung zu erzeugen, ist einfach. Bei Tieren ist das sehr schwierig, weil die meisten Zellen bei jedem Tier verschieden sind. Damit ein neues Lebewesen entsteht, müssen die Keimzellen zweier verschiedener Individuen zusammentreffen. Der modernen Biologie ist die ungeschlechtliche Vermehrung ohne männliche und weibliche Keimzellen gelungen. Die so erzeugten gleichen Lebewesen nennt man Klone.

2 Die unteren Blätter schneidest du ab und setzt den Steckling in ein Glas mit Wasser und der Holzkohle. Nicht in die Sonne stellen!

3 Warte ein paar Tage, bis der Stiel etwa 5 mm lange Wurzeln getrieben hat. Dann setzt du die neue Pflanze in einen Blumentopf mit sehr feuchter Erde ein. Achtung, die neuen Wurzeln sind sehr empfindlich!

Stecklinge

Bei der Vermehrung durch Stecklinge wird ein frischer Trieb, der noch Wurzeln schlagen kann, von der Pflanze abgeschnitten und ins Wasser gestellt. So entsteht eine neue Pflanze.

5 Wenn die neue Pflanze sich aufrichtet, muss sie von der Mutterpflanze getrennt werden.

6 Zwei bis drei Wochen später schneidest du die Spitze ab und setzt die Pflanze an anderer Stelle ein.

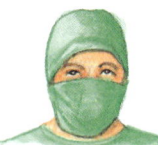

Sie sind überall, aber wir sehen sie nicht. Sie sind gutartig oder bösartig, immer aber mikroskopisch klein. Wer? Die Bakterien.

Bakterien kultivieren

Du benötigst:
- ¹/₂ l Wasser von abgekochtem Reis, ein Blatt Gelatine, eine Prise Salz, einen kleinen Löffel Fleischbrühe
- Klarsichtfolie (zum Abdecken)
- 4 Aluteller

1 Zuerst löst du die Gelatine in dem noch lauwarmen Wasser vom Reis auf. Salz und Fleischbrühe hinzufügen, umrühren. Das ist die Nährlösung für die Bakterienkultur.

Die Entdeckung Pasteurs

1859 hat Professor Pasteur die Mikroorganismen entdeckt und damit die moderne Biologie begründet. Es gelang ihm so, die Entstehung der wichtigsten Infektionskrankheiten zu erklären und wirksam zu bekämpfen.

2 Dann gießt du jeden Teller etwa 0,5 cm hoch voll, deckst alle mit Klarsichtfolie ab und lässt die Mischung kalt werden.

3 Stelle einen Teller in dein Zimmer, einen in den Schatten, den dritten in die Sonne. Nimm die Folie ab und lass die drei Teller 15 Minuten lang offen stehen, damit sich die Bakterien niederlassen können. Den vierten Teller deckst du nicht ab.

4 Jetzt überziehst du die Teller wieder mit der Folie und stellst alle vier zusammen an einen warmen Platz. So können sich die Bakterien entwickeln und vermehren.

5 Nach zwei oder drei Tagen kannst du die Bakterienkulturen in den Tellern zählen. Jeder Fleck ist eine Kolonie, gebildet aus einer einzigen Bakterie. Nur der vierte Teller ist unberührt.

Penicillin

Penicillintabletten
zerstören eine Bakterienkolonie.

Der Pesterreger:
eine häufig tödliche Bakterie.

Der Virus, der Tollwut hervorruft –
neutralisiert von Louis Pasteur.

Jeden Winter taucht der Grippevirus wieder auf.

Manche Pilze wachsen im Staub.

Sie sind überall!

Bakterien, winzig und leicht, findet man überall: in der Luft, auf der Haut, im Mund, im Darm. Sie übertragen sich von einem Menschen zum anderen.

Flemings Glückstreffer

Zum Glück war Alexander Fleming ein guter Beobachter! Er verfolgte aufmerksam Veränderungen bei einer Bakterienkultur und entdeckte 1928, dass bestimmte Schimmelpilze eine Substanz absondern, die die Entwicklung der Bakterien hemmt. Damit hatte er das Penicillin gefunden.

Schimmelpilze kultivieren

Du benötigst:
– altes Brot
– Wasser

1 Lege eine Brotscheibe in Wasser ein und stelle den Teller ins Freie.

2 Nach zwei oder drei Tagen zeigen sich blaue oder weiße Flecken; das ist Schimmel.

Schimmel – mal gut, mal schlecht

Manche Käsesorten enthalten Schimmel.

Mehltau
(Krankheit bei Wein)

verschimmelter Pfirsich

Im Jogurt zum Beispiel schmecken Bakterien sehr gut. Sie sind sogar für die Zubereitung absolut notwendig – genau wie beim Brot. Man muss sie nur für sich arbeiten lassen …

Bakterien und der Jogurt

Du benötigst:
- 1 l Milch
- 6–8 Jogurtgläschen
- einen Topf
- ein Thermometer
- einen Schnellkochtopf
- einen Jogurt
- einen kleinen Löffel
- eine Tasse

1 Bitte einen Erwachsenen, für dich Milch zu kochen. Diese gießt du in die Gläschen und lässt sie bis auf 50 °C abkühlen; das ist die ideale Temperatur für die Bakterien.

2 Nimm einen kleinen Löffel Milch aus jedem Glas und gib sie in die Tasse. Füge einen Kaffeelöffel fertigen Jogurt hinzu. Umrühren. Im Jogurt sind die Bakterien enthalten.

Eine große, nützliche Familie

Die meisten Jogurts werden mit folgenden Bakterienarten angesetzt: Lactobacillus bulgaricus (für die Säure) und Streptococus thermophilus (für den Geschmack). Nach dem Gerinnen der Milch wird der Jogurt gerührt, damit er seine sämige Konsistenz gewinnt.

3 Der Mischung entnimmst du wieder jeweils einen Löffel für jedes Glas und rührst ihn unter. So ist der Jogurt mit Bakterien angesetzt.

4 Für 5 Stunden stellst du die Gläschen nun in den geschlossenen Schnellkochtopf zum Abkühlen. Danach ist die Milch geronnen, der Jogurt ist fertig. Die Bakterien haben einen Teil des Milchzuckers in Säure umgewandelt.

Gärung

Zahlreiche zuckerhaltige Substanzen sind vergoren, bevor sie auf unseren Tisch kommen.

Hefe und das Brot

 ★ ★

Du benötigst:
- 2 kleine Löffel Trockenhefe
- 1 Löffelchen Zucker
- 3 Tassen Mehl
- 1 kleinen Löffel Salz
- 2 kleine Löffel Butter
- eine große Schüssel
- eine Tasse,
  ein Schüsselchen

1 In dem Schüsselchen mischst du die Trockenhefe mit dem Zucker und zwei Löffelchen lauwarmen Wassers. Die Mischung lässt du 15 Minuten stehen. Sie geht auf, weil die Hefe Zucker und Wasser aufnimmt, dabei atmet und Kohlendioxid freisetzt.

2 Vermenge Mehl, Salz und Butter. Bilde eine Vertiefung und gieße die Hefe-mischung hinein. Dann bildest du eine Kugel.

3 Auf einem mit Mehl bestäubten Brett ziehst du den Teig aus, faltest ihn zusammen und knetest ihn 10 Minuten lang. Er muss weich und glatt werden.

4 Dann lässt du den Teig 90 Minuten an einem warmen Ort ruhen. Gib ihn dazu in die Schüssel und decke sie mit einem Geschirrtuch zu.

5 Die Hefe nährt sich von dem Mehl und setzt dabei Kohlendioxidbläschen frei. Dadurch geht der Teig auf. Knete ihn nochmals 5 Minuten und forme dann 10 kleine Brötchen, die du auf ein mit Butter bestrichenes Backblech setzt.

6 Heize den Ofen 10 Minuten lang vor (Gasherd Temperatur 7), dann werden die Brötchen 20 Minuten gebacken. Die Hitze tötet die Hefebakterien ab und strafft den Teig. Die Löcher im Brotteig sind Überbleibsel der Gasbläschen, die die Hefe gebildet hat.

Die Produkte, die wir täglich verwenden, haben versteckte chemische Eigenschaften. Sie können sauer, basisch oder neutral sein. Mit Lösungen, die ihre Farbe verändern, kann man diese Eigenschaften nachweisen.

Ein Farbindikator

Du benötigst:
– einen halben Rotkrautkopf
– einen Topf mit Deckel
– einen Kaffeefilter
– ein Messer
– ein großes
  Glas

1 Schneide den Rotkrautkopf in feine Streifen.

2 Dann bringst du einen Liter Wasser zum Kochen, gibst das Rotkraut hinein und schaltest den Herd ab. Zudecken und eine halbe Stunde ziehen lassen.

3 Das Wasser durch den Filter abseihen und in einem Glas aufbewahren. Es ist ein Farbindikator, der je nach Säuregehalt einer Lösung die Farbe wechselt.

Säuren und Basen

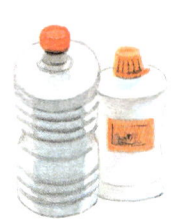

Bestimmte Flüssigkeiten sind „sauer"; sie reizen die Zunge. Das ist eine wichtige chemische Eigenschaft. Säuren greifen Metall an, verbrennen Stoffe oder auch die Haut. Basen sind gute Reinigungsmittel (Ätzsoda, Ammoniak), weil sie Schmutz und bestimmte organische Reste (Haare, Wolle usw.) lösen.

> ⚠️ **Achtung!**
> Säuren und Basen sind oft gefährlich.
> Nimm nie ein chemisches Produkt in den Mund!

Säure oder Base? Ein Test.

Du benötigst:
- 3 Gläser
- Farbindikator
- Zitronensaft
- doppeltkohlensaures Natron (Soda) aus der Apotheke
- Orangensaft, Zahnpasta, Jogurt, Limonade, Waschpulver usw.

1 Fülle jedes Glas zur Hälfte mit dem selbst hergestellten Farbindikator (siehe S. 42).

2 Gib einige Tropfen Zitronensaft in das erste: Die Lösung wird rosarot. Ein Löffelchen Soda in das zweite, und sie wird grün. In das dritte Glas wird nichts gemischt. Es dient zum Vergleich, um Säuren (rosa) und Basen (grün) voneinander zu unterscheiden.

Säuren oder Basen neutralisieren

Lässt man eine Säure durch Hinzufügen von Base verschwinden, spricht man von „neutralisieren". Auch das Gegenteil ist möglich.

3 Teste noch andere Produkte und klassifiziere sie nach drei Kategorien: neutral (violett), sauer (rosa) und basisch (grün).

Säure neutralisieren

Du benötigst:
- ein Glas
- Farbindikator
- Zitronensaft
- doppeltkohlensaures Natron (Soda)

1 Fülle das Glas zur Hälfte mit Farbindikator, dann fügst du einige Tropfen Zitronensaft hinzu. Das Gemisch wird rosa.

2 Bestreue diese Lösung mit etwas Soda und rühre vorsichtig um. Es schäumt ein bisschen, und die Farbe wechselt ins Violett. Gibst du viel Soda hinzu, wird die Lösung grün: Die Säure ist verschwunden, stattdessen ist das Gemisch basisch geworden.

Einatmen, ausatmen: Herz und Lunge

Der menschliche Körper funktioniert in etwa wie eine Maschine. Angetrieben wird er mit Energie, die Muskeln bilden den Motor. Herz und Lunge zum Beispiel arbeiten wie eine Saug- und Druckpumpe.

Eine Lunge nachbauen

Du benötigst:
– eine Flasche
– einen Kugelschreiber ohne Mine
– Schnur
– 2 Gummiringe
– 2 Luftballone (einen kleinen, einen großen)
– Knetmasse

1 Schneide das untere Stück der Flasche ab und befestige den kleinen Luftballon mit einem Gummi am Kugelschreiber.

2 Stecke den Kugelschreiber mit dem Ballon in die Flasche und verschließe den Flaschenhals mit der Knetmasse.

Wie funktioniert die Lunge?

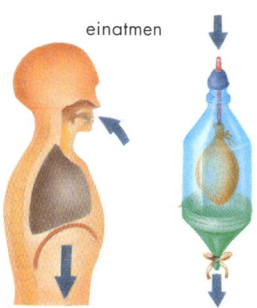

einatmen

Soeben hast du eine künstliche Lunge gebaut. Auch deine Lunge arbeitet nach demselben Prinzip. Die Flasche stellt den starren Brustkorb dar, die Membran steht für das Zwerchfell, und der kleine Ballon im Inneren bildet die Lunge. Zieht man an der Membran, verringert sich der Druck in der Flasche, und der kleine Ballon bläst sich auf: Das passiert beim Einatmen. Lässt du die Membran wieder los, entleert sich der Ballon durch den Luftdruck: So funktioniert das Ausatmen.

3 Dann bindest du die Schnur um den großen Ballon, schneidest diesen in zwei Hälften und verschließt damit den Boden der Flasche. Diese Membran muss sehr straff sitzen. Damit die „Lunge" arbeitet, ziehst du an der Schnur.

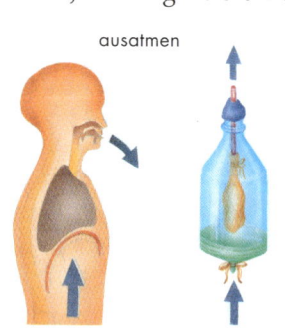

ausatmen

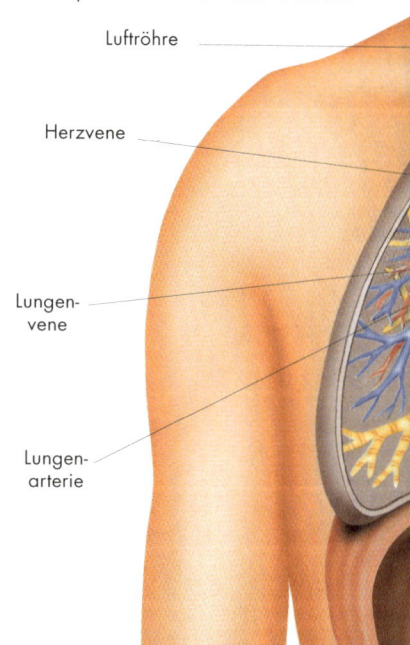

Luftröhre

Herzvene

Lungen-vene

Lungen-arterie

Leistungsstarke Pumpen

Das Herz ist eine sehr kräftige Pumpe, die das Blut bis in die Zehenspitzen befördert. Das Herz eines Kindes pumpt in der Minute ungefähr 5 Liter Blut. Über die Lungen werden pro Minute etwa 10 Liter Luft ein- und ausgeatmet.

Ein Herz nachbauen

Du benötigst:
– ein Trinkhalmstück
– einen Luftballon
– einen Plastiktrichter
– eine Kugel (Murmel)
– einen Plastikbecher (mit Deckel)
– Klebstoff
– Schnur

1 Schneide das Mundstück des Ballons ab und binde es an das Trinkhalmstück.

2 An der Seite des Trichters bohrst du ein Loch und klebst den Trinkhalm ein.

3 Dann durchbohrst du den Deckel des Bechers und klebst den Trichter darin fest. Lege die Murmel hinein; anschließend überziehst du den Trichter straff mit dem Rest des Ballons.

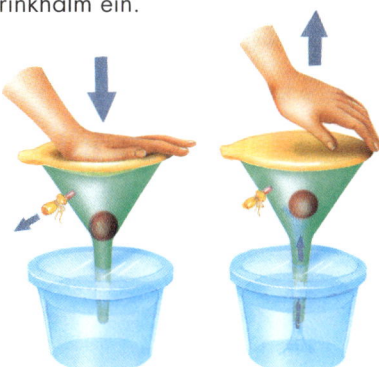

4 Den Becher füllst du mit Wasser. Dann setzt du den Deckel auf und drückst mehrmals auf die Membran: Das Wasser im Trichter steigt und fließt über den Trinkhalm ab.

Druck, Klappen und Ventile

Der Trichter stellt das Herz dar. Die Murmel und das Mundstück des Ballons übernehmen die Rolle von Ventilen, damit die Flüssigkeit nur in einer Richtung fließt. Genauso arbeiten die Herzklappen. Und der gespannte Ballon, auf den man drückt, bildet den Herzmuskel. Wenn er sich zusammenzieht, wird Blut angepumpt und fließt dann wieder ab.

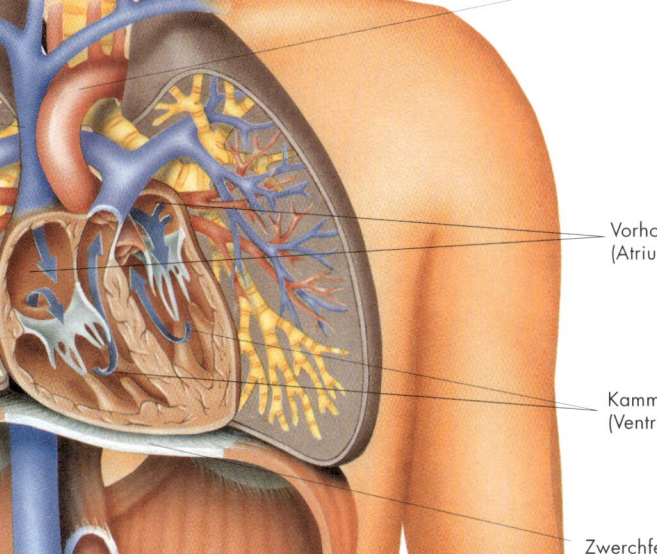

Aorta

Vorhof (Atrium)

Kammern (Ventrikel)

Zwerchfell

Riechen und schmecken

Sauer, bitter, süß und salzig sind die vier Geschmacksrichtungen, die die Zunge feststellen kann. Demgegenüber unterscheidet die Nase hunderte von Gerüchen. Zunge und Nase sind unsere Geschmacksorgane.

Persönliche „Zungenkarte"

Du benötigst:
- 4 kleine Gläser
- Zucker, Salz, Kaffee, Essig
- 2 Trinkhalme
- Brotkrume (ohne Rand)

1 Die vier Gläser füllst du mit Zuckerwasser, Salzwasser, Kaffee und Essig.

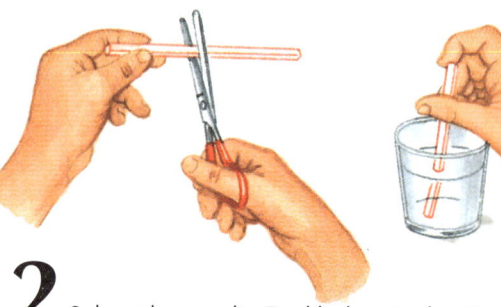

2 Schneide nun die Trinkhalme in der Mitte durch; so erhältst du vier Pipetten. Einen Trinkhalm tauchst du in eines der Gläser und verschließt ihn mit dem Zeigefinger.

Spezialisierte Geschmackszellen

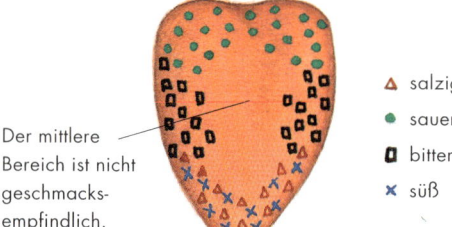

Der mittlere Bereich ist nicht geschmacksempfindlich.

△ salzig
● sauer
◻ bitter
✕ süß

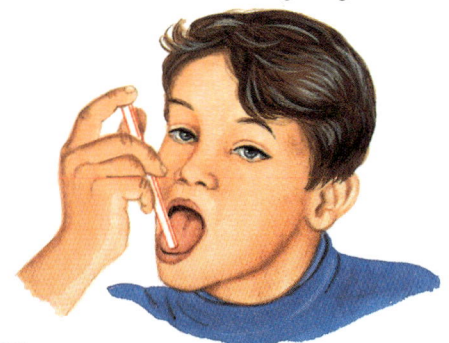

Etwa 3000 kleine Geschmacksknospen sind am Rand der Zunge verteilt. Dabei ist jeder Bereich auf das Feststellen einer bestimmten Geschmacksrichtung spezialisiert. Mit der Zunge kann man aber auch die Oberfläche und Temperatur von Nahrungsmitteln fühlen – und ob sie fest oder flüssig sind.

3 Auf jede Zone deiner Zunge lässt du dann langsam einen Tropfen fallen. Damit der vorhergehende Geschmack unterdrückt wird, isst du zwischen den Versuchen jeweils etwas Brot.

Der Geruchssinn bei der Arbeit

Der Geruchssinn des Menschen ist im Vergleich zu bestimmten Tieren nicht sehr stark entwickelt. Um besser zu riechen, trainieren Weinkoster und Parfümhersteller ihre Nase mit einer Vielzahl von Gerüchen.

4 Zeichne so eine „Karte" von deiner Zunge. Dabei gibst du an, an welcher Stelle du die vier Substanzen am stärksten geschmeckt hast.

Die Nase – ein Geschmacksorgan?

Durch die gemeinsame Leistung von Nase und Zunge können wir den Geschmack dessen, was wir essen, erleben. Vom Mund gelangen die Geruchsmoleküle in der Nahrung leicht zur Nase. Die Rezeptoren in der Nasenschleimhaut sind sehr sensibel und können tausende von Gerüchen wahrnehmen. Sie leiten die entsprechende Information an das Gehirn weiter.

Geruchs-nerven

Nasen-höhle

Zunge

Geschmacksnerv, über den das Gehirn informiert wird

Bei einer Erkältung und verstopfter Nase kann man das Essen nicht mehr schmecken!

Verräterische Zunge

Du benötigst:
– ein Messer
– eine Augenbinde
– einen Versuchspartner
– eine Karotte, einen Apfel, eine Kartoffel, Käse

1 Schneide die Lebensmittel in gleich große Würfelchen.

2 Zum Probieren lässt du dir die Augen verbinden; auch die Nase wird zugehalten.

3 Bitte eine andere Person, dir jeweils ein Würfelchen in den Mund zu schieben. Erkennst du, was es ist?

Optische Täuschungen

Unsere Augen nehmen Lichtstrahlen wahr und leiten die erhaltene Information an das Gehirn weiter. Dieses bearbeitet die Bilder und gibt ihnen einen Sinn. Aber manchmal täuscht es sich und uns!

Verwirrende Linien

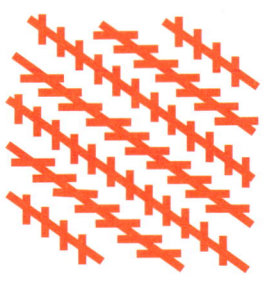

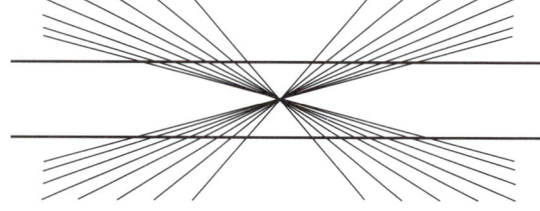

Verlaufen die vertikalen Linien parallel?

Die schrägen Linien auch?

Sind die beiden horizontalen Linien gerade? Deine Augen folgen den strahlenförmigen Linien, die vom Mittelpunkt ausgehen. Du hast den Eindruck, dass die geraden Linien gekrümmt sind.

Beziehungen zwischen Flächen

Sind die beiden Mittelquadrate gleich groß?

Siehst du die grauen Flecken an den Kreuzungspunkten der weißen Balken?

Vergleiche die farbigen Quadrate in der Mitte der weißen und schwarzen Fläche. Auf hellem Grund erscheinen die Farben dunkler, weniger leuchtend, als in der schwarzen Umgebung.

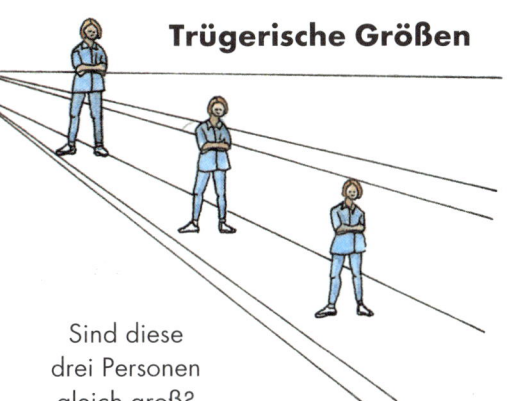

Trügerische Größen

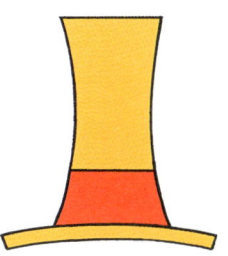

Ist der Körper dieses sonderbaren Tieres kürzer als sein Hals?

Sind diese drei Personen gleich groß?

Ist der Hut höher als breit?

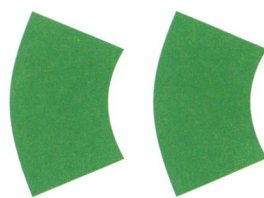

Welche Strecke ist länger?

Haben diese Streifen dieselbe Länge?

Der holländische Künstler Maurits C. Escher (1898–1971) hat durch optische Täuschungen unwirkliche Landschaften und Gebäude geschaffen.

Unmögliche Konstruktionen

Kannst du dieses Dreieck bauen?

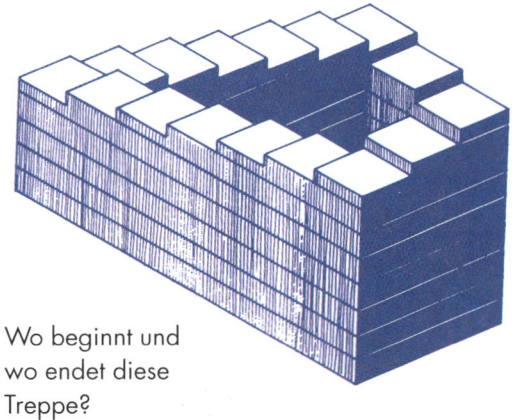

Wo beginnt und wo endet diese Treppe?

Einmal anders sehen

Wie würden wir die Welt mit nur einem Auge sehen? Weil wir zwei Augen haben, können wir Entfernungen schätzen und dreidimensional sehen.

Eine durchbohrte Hand

Mit einem Auge schaust du durch ein Papprohr, vor das andere hältst du die Innenfläche deiner anderen Hand. Öffne die Augen, und du siehst deine Hand mit einem Loch! Die Augen leiten zwei verschiedene Bilder an das Gehirn weiter. Dort werden sie zu einer eigenartigen Wahrnehmung zusammengesetzt.

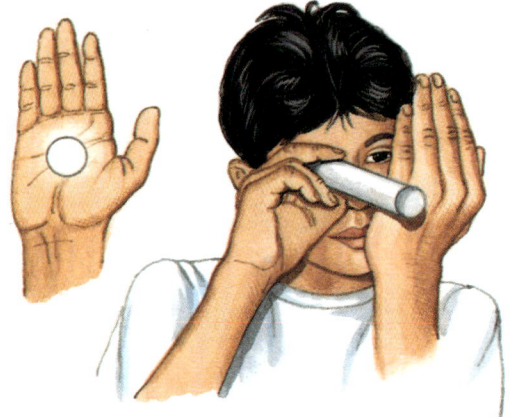

Aus zwei macht eins!

Schneide ein 4 cm breites und 6 cm langes Stück dünnen Kartons zu. Setze es senkrecht auf die gestrichelte Linie und gehe mit deinem Gesicht nahe heran: Du siehst eine einzige Zeichnung. Jedes Auge übermittelt dem Gehirn ein Bild, und dort werden beide zusammengesetzt.

Nicht leicht zu sehen

Setze dich im Abstand von 70 cm vor eine Dose. Schließe ein Auge und bitte einen Freund, einen Knopf in die Dose fallen zu lassen. Schwierig zu erkennen? Mit beiden Augen ist es viel einfacher.

„Fingervermehrung"

In etwa 30 cm Abstand zu deinen Augen lässt du beide Zeigefinger mit 1 cm Zwischenraum horizontal aufeinander zeigen. Dabei fixierst du einen weiter entfernt liegenden Gegenstand: In der Mitte schwebt ein reichlich komischer Finger.

Welches Auge ist bei dir dominant?

Das Gehirn verarbeitet die von den Augen übermittelten Bilder nacheinander. Du kannst erkennen, welches Bild zuerst an der Reihe ist. Schneide ein Loch von 3 cm Durchmesser in ein viereckiges Papierstück. Mit ausgestrecktem Arm blickst du durch das Loch auf einen Gegenstand. Ohne ihn aus den Augen zu lassen, bewegst du langsam das Blatt auf dein Gesicht zu. Du ziehst es ganz natürlich vor dein dominantes Auge.

Dreidimensional sehen

Du benötigst:
- 13 × 5 cm Karton
- eine Schere
- Klebstoff
- durchsichtiges Bonbonpapier
  (grün und rot)

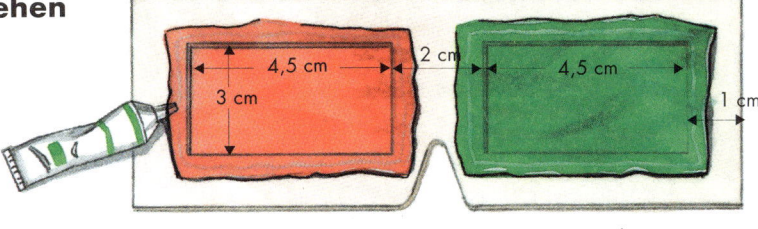

linkes Auge   rechtes Auge

1 Schneide das Brillengestell aus Karton zu.

2 Das grüne Papier klebst du rechts, das rote links auf.

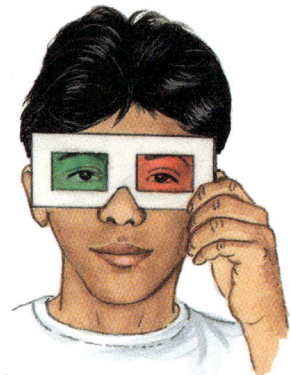

3 Betrachte dieses Foto mit deiner Brille. Jedes Auge nimmt dasselbe Bild etwas verschoben wahr, das Gehirn setzt beide zu einer plastischen Erscheinung zusammen.

Sehen mit zwei Augen

Mit einem Auge ist es unmöglich, die Entfernung eines Gegenstandes zu bestimmen. Mit beiden Augen kann man zudem dreidimensional sehen.

Klang durch Vibration

Im All gibt es keinen Lärm, weil es auch keine Luft gibt. Auf der Erde dagegen lässt schon der geringste Ton die Luft bis hinein in unsere Ohren vibrieren.

Mit der Stimme vibriert das Blatt

 ★

Du benötigst:
Alufolie

1 Lege ein größeres Stück Alufolie auf deine Hand.

2 Beuge dich über das Blatt und bringe ein gleichbleibendes „huuuu" hervor. Die Folie fängt leicht zu zittern an und kitzelt auf der Hand, weil die Luft das Vibrieren deiner Stimmbänder überträgt.

3 Dasselbe Blatt kannst du auch vor eine Lautsprecherbox stellen. Je tiefer der Ton, desto mehr vibriert die Folie. Genauso vibriert auch das Trommelfell im Ohr.

Das Stethoskop von Laënnec

Angeblich hatte der Arzt Laënnec (1781–1826) die Idee für sein Stethoskop, als er Kinder beobachtete, die durch ein Holzstück hindurch leisen Tönen lauschten. Genauso kannst du das Ticken einer Uhr hören, wenn du ein etwa ein Meter langes Holzstück mit einem Ende an die Uhr, mit dem anderen an dein Ohr hältst.

Dezibel

Die Maßeinheit für die Lärmstärke heißt Dezibel (dB). 1 dB entspricht einem Ton, der vom Ohr gerade noch wahrgenommen werden kann. Über 70 dB besteht Gefahr für die Gesundheit.

0 dB	20 dB	40 dB	60 dB	60 bis 70 dB
Grenze des Hörbaren	in der Wüste, Geflüster	leises Gespräch	Radio in normaler Lautstärke	verkehrsreiche Straße

Klingende Gläser

Du benötigst:
– ein Kristallglas mit Stiel
– etwas Wasser
– saubere Hände!

1 Mit dem nassen Zeigefinger fährst du über den Rand des Glases und drückst dabei leicht auf. Das Glas vibriert und klingt.

2 Jetzt füllst du das Glas mit etwas Wasser und wiederholst das Ganze: Es entsteht ein anderer Ton. Mit mehreren Gläsern kannst du so eine Tonskala erstellen und Musik machen.

3 Wenn du ein zweites Glas an das erste anlehnst, kann sich die Vibration auch übertragen.

Von den klingenden Gläsern zur Geige ist es nur ein kleiner Schritt. Anstelle des Fingers streicht man abwechselnd mit dem Bogen über die Saite. Dadurch vibriert sie und bringt einen Ton hervor, der über die Luft ans Ohr getragen wird.

Hast du aber große Ohren …!

Um die Schallwellen besser einfangen zu können, sind große Schalltrichter von Vorteil. Diese Rolle übernimmt die Ohrmuschel. Deshalb haben Tiere mit empfindlichen Gehör auch große, bewegliche Ohren.

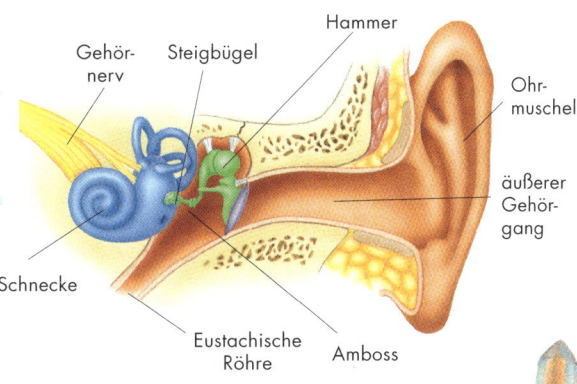

Gehörnerv — Steigbügel — Hammer — Ohrmuschel — äußerer Gehörgang — Schnecke — Eustachische Röhre — Amboss

Wo befindet sich das Gewitter?

Das Geräusch des Donners verbreitet sich mit einer Geschwindigkeit von etwa 330 Metern pro Sekunde; ein Blitz ist ohne Verzögerung zu sehen. In welcher Entfernung befindet sich das Gewitter, wenn du das Donnern 15 Sekunden nach dem Blitz hörst? (So lange braucht das Geräusch des Donners, bis es bei dir eintrifft.)

Antwort siehe S. 154.

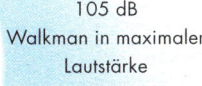

| 105 dB | 100 bis 110 dB | 120 dB | 180 dB |
| Walkman in maximaler Lautstärke | Rock-Konzert, in einen Bahnhof einfahrender Zug | Donner | Raketenstart |

Zither und Monochord

Der Klang einer vibrierenden Saite kann durch einen Resonanzkasten verstärkt werden. Alle Saiteninstrumente arbeiten mit diesem Prinzip.

Eine Zither

Du benötigst:
– eine kleine Pappschachtel
– dünnen Karton
– ein paar Gummiringe
  (am besten gleich große)
– Klebstoff
– ein 1 Euro-Stück
– eine Stecknadel

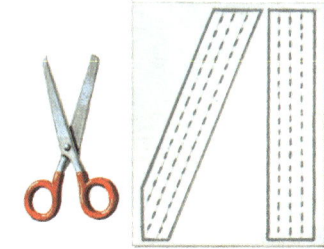

1 Schneide wie gezeigt zwei Kartonstreifen aus und falte sie w-förmig.

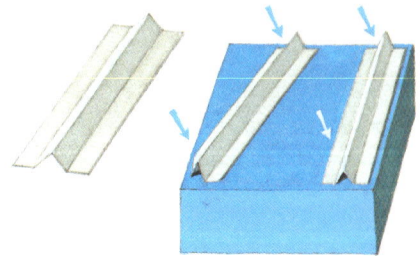

2 Klebe die Streifen auf die Schachtel – einen der Länge nach, den anderen schräg.

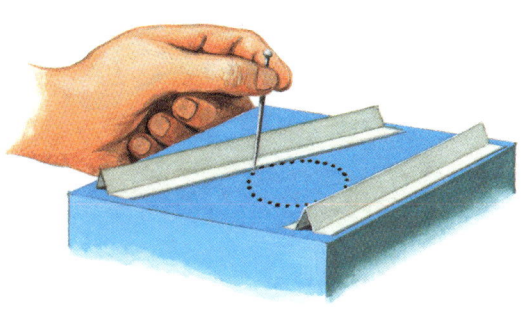

Die Zither

Es gibt viele verschiedene Zithern. Die abgebildete stammt wahrscheinlich aus dem 18. Jahrhundert. Drei Saiten sind wie bei der Gitarre über einem Griffbrett mit Bünden gespannt; mit ihnen wird die Melodie gespielt. Auf den übrigen Saiten werden die tiefen Töne zur Begleitung angeschlagen.

3 Um das Eurostück herum zeichnest du in der Mitte der Schachtel einen Kreis, den du mit einer Stecknadel ausstichst.

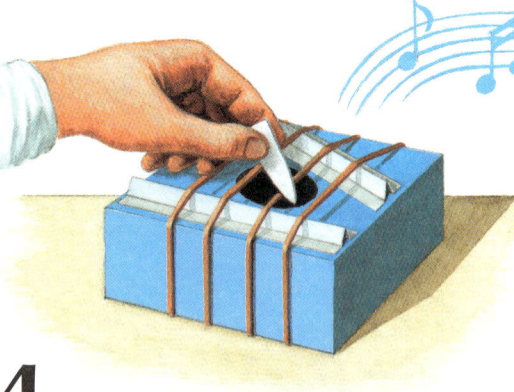

Bund

4 Dann ziehst du die Gummiringe über die Schachtel. Mit einem kleinen Kartonstück schlägst du sie an. Versuche die „Saiten" so zu platzieren, dass du ein einfaches Lied mit wenigen Tönen spielen kannst.

Ein Monochord

★ ★

Du benötigst:
– ein Brett, 50 × 4 cm
– 2 halbrunde Stäbchen,
  8 und 3 cm lang
– eine Leiste, 2 cm breit,
  8 cm lang
– ein kurzes Stück von einem
  Eisstäbchen
– einen Nagel, etwa 4 cm lang
– 2 Nägel, etwa 1,5 cm lang
– einen Deckel aus Metall
– etwa 80 cm Anglerschnur

1 An den Enden des Bretts schlägst du die kurzen Nägel ein. Den langen Nagel setzt du etwa 15 cm von einem Ende entfernt.

2 An einem Ende der Schnur machst du eine Schlinge, die über den kleinen und großen Nagel gezogen werden kann. Dann spannst du die Schnur und befestigst sie mit einer weiteren Schlinge am zweiten kleinen Nagel. Die „Saite" ist installiert.

3 Das längere halbrunde Stäbchen klebst du auf die Leiste. Diesen beweglichen Bund schiebst du in die Nähe des großen Nagels.

4 Nun klebst du das kürzere Stäbchen auf den Metalldeckel und schiebst ihn gleichfalls unter die Saite.

5 Um die Saite straff zu spannen, steckst du das Eisstäbchen in die Mitte der Schlinge und drehst es ein paar Mal um.

Zum Spielen …

… zupfst du die Saite mit einer Hand, mit der anderen verschiebst du den Bund. Willst du bestimmte Töne oder auch eine Melodie spielen, sind Markierungen auf dem Brett sehr hilfreich. Ist dein Brett groß genug, kannst du auch mehrere Saiten befestigen und so eine Art Zither bauen.

Die Funktion des Deckels

Nimm einmal den Metalldeckel weg: Ändert sich der Klang? Und was passiert, wenn du dein Monochord an ein Möbelstück lehnst? Der Deckel bildet, wie das Möbelstück, einen Resonanzkasten, der den Klang verstärkt.

Querflöte

Ein Rohr, ein Stöpsel, ein paar Bohrlöcher – und schon ist ein sehr altes und leicht herzustellendes Blasinstrument fertig: die Querflöte.

Eine Querflöte

Du benötigst:
- ein glattes Plastikrohr (Iso-lierung von Elektrokabel), 33 cm lang, 16 mm Innendurchmesser
- einen Flaschenkork
- Schleifpapier
- einen Handbohrer
- eine Rundfeile (oder eine Bohrmaschine mit Bohrer-spitzen)

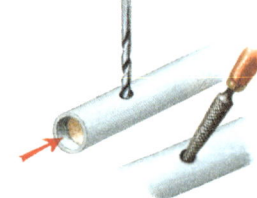

1 Reibe den Kork auf dem Schleifpapier, bis er im Durchmesser in das Plastikrohr passt.

2 Am Ende des Rohrs bohrst du ein Loch und feilst es aus. Den Kork steckst du bis an den Rand des Lochs in das Rohr.

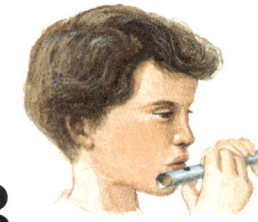

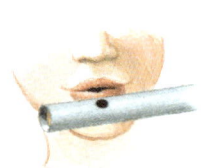

3 Probeweise bläst du jetzt in deine Flöte. Es muss ein tiefer Ton entstehen, die Basis für die Ton-leiter des Instruments. Bläst du stärker hinein, muss derselbe Ton eine Oktave höher zu hören sein.

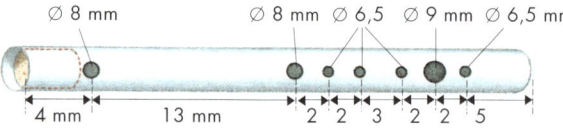

∅ 8 mm ∅ 8 mm ∅ 6,5 ∅ 9 mm ∅ 6,5 mm

4 mm 13 mm 2 2 3 2 2 5

4 Nachdem du die übrigen Löcher gebohrt hast, ist die Flöte fertig. Der jeweilige Klang hängt vom Durchmesser dieser Löcher ab. Wenn du ein gutes Gehör hast, kannst du sie mit einer kleinen Feile korrigieren.

Oboe

Klarinette

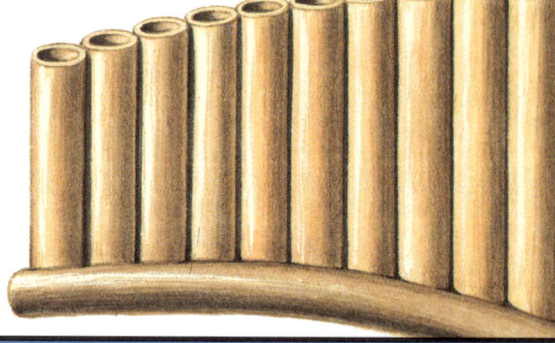

Wie spielt man Querflöte?

Die Löcher verschließt du mit Zeige-, Mittel- und Ringfinger jeder Hand. Wenn du nun Loch für Loch öffnest, erhältst du die Töne der Tonleiter. Eine Oktave höher spielt man, indem man alle Löcher außer dem obersten wieder verschließt und zudem stärker bläst. Spielst du bereits Blockflöte, legst du den kleinen Finger der rechten Hand auf das erste Loch; darauf folgen die anderen Finger. So hast du in etwa dieselben Griffe wie bei der Blockflöte.

Ein wenig Geschichte

Bei den alten Griechen war jede der neun Hauptkünste und -wissenschaften von einer Muse, einer Göttin aus der Mythologie, inspiriert. Euterpe, die Muse der Musik, wurde häufig mit einer Flöte dargestellt, weil dieses leicht zu bauende Instrument in der Antike sehr verbreitet und beliebt war.

Eine Variante: die Andenflöte

Du kannst auch eine andere Flöte ohne das Korkstück als Stöpsel bauen; in diesem Fall dient ein Ende des Rohrs als Mundstück – genau wie bei einer Panflöte. Aber dank der Löcher genügt auch ein einziges Rohr, um mehrere Töne zu erzeugen.

Panflöte

Blockflöte

Eine Papiertrompete

Du benötigst:
– Klebeband
– einen Bleistift
– ein Blatt Papier

1 Wickle das Papier beginnend an einer Ecke um den Bleistift und befestige das Ende mit einem Stück Klebeband.

2 Dann ziehst du den Bleistift heraus und schneidest die Papierrolle an einem Ende zu drei Vierteln ein. Das so gebildete kleine Dreieck streichst du glatt.

3 Jetzt bläst du am anderen Ende in deine Papiertrompete. Das kleine Dreieck beginnt zu vibrieren und erzeugt einen tiefen Ton.

Gespeicherte Melodien und Laute

Mithilfe winziger Speicher können Puppen lachen, weinen oder singen, knattern oder hupen Spielzeugautos, spielen Karten und Kerzen „Happy birthday to you", gibt es sprechende Zapfsäulen an Tankstellen …

Wenn Puppen sprechen …

Ende des 19. Jahrhunderts konnten Puppen auf Druck erstmals Laute von sich geben, die aber nur annähernd an „Mama" oder „Papa" erinnerten. Mit der Erfindung des ersten Tonaufnahmegerätes wurden sie gesprächiger. Der Amerikaner Thomas Alva Edison schuf damit eine Puppe, die Gebete aufsagte, und eine andere, die nur Strafpredigten hielt! Heute ersetzen elektronische Speicher die damaligen Langspielplatten, die wiederum die Drehwalzen aus Wachs abgelöst hatten.

Spieldosen

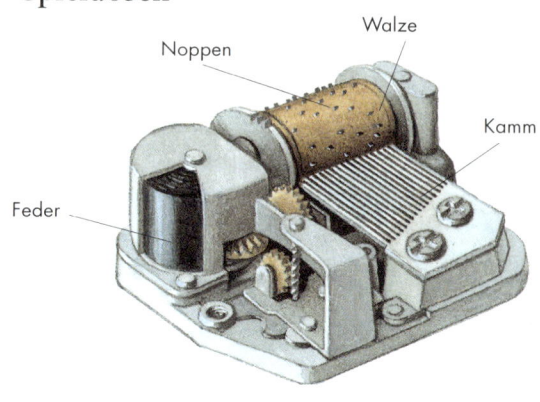

Noppen
Walze
Kamm
Feder

Die Melodie alter Spieldosen ist auf einer Walze mit Noppen angelegt. Dreht sich die Walze, betätigen diese Noppen die Lamellen eines Kamms. Die Vibration der kurzen Lamellen ergibt hohe Töne, mit den langen entstehen die tiefen Töne. So können aber keine Stimmen wiedergegeben werden.

Innenleben der Jumeau-Puppe

Die Nadel (Tonabnehmer) verbindet den Resonanzkasten mit der Walze.

Der Resonanzkasten verstärkt den Klang.

Die durch den Druck entweichende Luft bringt eine Metallmembran zum Vibrieren.

Die Puppe mit Tonaufnahmegerät von Edison (um 1860).

Auf dem Zylinder ist eine menschliche Stimme gespeichert.

Schlüssel zum Aufziehen der Feder.

Die Feder dreht die Walze.

Die Jumeau-Puppe (um 1895).

Orchestermusik ohne Musiker

Du benötigst:
- eine Batterie (4,5 V)
- einen Piezo-Lautsprecher
- einen Transistor (UM 66)
- Elektrokabel
- 2 Büroklammern
- Lüsterklemmen
- ein Lineal aus Metall
- eine Konservendose
- Klebeband

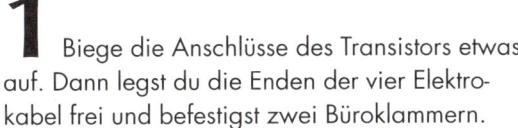

1 Biege die Anschlüsse des Transistors etwas auf. Dann legst du die Enden der vier Elektrokabel frei und befestigst zwei Büroklammern.

2 Nun montierst du die Elemente wie gezeigt auf die Lüsterklemmen. Schließe drei Kabel an.

3 Die Schrauben der Lüsterklemmen anziehen. Das letzte Kabel befestigst du mit Klebeband am Lineal. Die Büroklammern schließt du an den Polen der Batterie an.

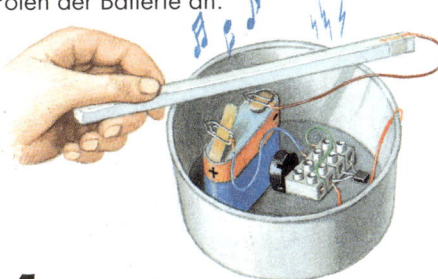

4 Das Ganze stellst du in die Konservendose und hängst den freien Draht über den Rand. Lege dein Lineal darauf … und es erklingt eine Symphonie!

Ein Speicher, eine Batterie, ein Schalter und ein Lautsprecher

Melodien, Geräusche oder Worte sind in einem winzigen elektronischen Speicher aufgezeichnet: dem integrierten Speicher (IC). Die Batterie liefert die Energie, und mit dem Schalter wird die Funktion gesteuert. Der Lautsprecher überträgt Töne oder Worte.

integrierter Speicher (IC)

Batterie

Lautsprecher

Öffnet man die Karte, beginnt die Melodie zu spielen.

Wird das Herz der Puppe berührt, verrät sie ihren Vornamen, bittet sie darum, mit ihr zu spielen, und erzählt sie eine Menge interessanter Dinge.

Einfach auf das Auto drücken, und das Motorengeräusch setzt ein.

Kommunikation über Distanz

Heute ist es möglich, hier und an einem anderen Ort gleichzeitig zu sein – dank der Fernübertragungs- und Kommunikationstechnik, mit der Töne oder Bilder den Empfängern übermittelt werden.

Ein Schnurtelefon

 ★ ★

Du benötigst:
- 2 leere Konserven-büchsen
- einen Hammer
- einen kleinen Nagel
- eine lange Schnur
- Gummiringe

1 Mit Hammer und Nagel schlägst du ein kleines Loch in den Boden der Konservenbüchse.

2 Dann ziehst du die Schnur hindurch und machst mehrere Knoten am Ende.

3 Die Schnur spannst du zwischen zwei Zimmern in der Wohnung und befestigst sie mit Gummiringen an Zimmerecken oder Türgriffen: Sie darf die Wand nicht berühren.

4 Sprich deutlich in deine Büchse: Dein Gesprächspartner am anderen Ende der Schnur wird deine Worte in seiner Büchse hören.

Zuerst mit, dann ohne Draht!

1832 erfand Samuel Morse den elektromagnetischen Fernschreiber (Telegrafen). 39 Jahre später hatte Bell das Telefon entwickelt. Und 1895 gelang Marconi erstmals die drahtlose Funkverbindung. Seitdem ist es mit Sendern, Kabeln und Satelliten möglich, überall auf der Erde Telefonanrufe, Telefaxschreiben, Radio- oder Fernsehsendungen zu empfangen.

Das Morsealphabet

A	•–	N	–•
B	–•••	O	–––
C	–•–•	P	•––•
D	–••	Q	––•–
E	•	R	•–•
F	••–•	S	•••
G	––•	T	–
H	••••	U	••–
I	••	V	•••–
J	•–––	W	•––
K	–•–	X	–••–
L	•–••	Y	–•––
M	––	Z	––••

Ein Morseapparat

Du benötigst:
– Elektrokabel
– eine Glühbirne (4,5 V)
– 2 Batterien (4,5 V)
– 2 Brettchen
– ein Klötzchen
– einen Streifen festen Kartons
– 4 Büroklammern
– 2 Nägel
– 3 Reißzwecken
– Klebeband

Sender

1 Aus einer Büroklammer bastelst du einen Schalter. Hänge ihn auf dem Brett mit einer Reißzwecke ein. Das Kabel schließt du wie gezeigt an. Daraus wird der Sender!

2 Um den Nagel wickelst du 50-mal elektrischen Draht. So entsteht ein Elektromagnet.

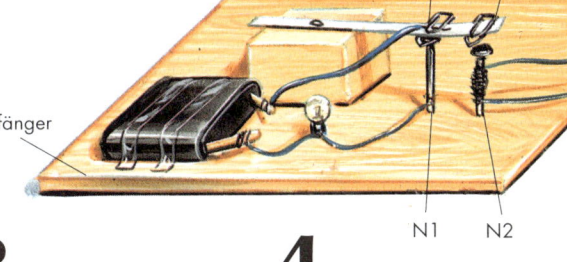

B1   B2

Empfänger

N1   N2

3 Befestige das Klötzchen auf dem zweiten Brett und darauf mit einer Reißzwecke den Kartonstreifen. Die beiden Büroklammern B1 und B2 werden über den Nägeln N1 und N2 platziert.

4 Die beiden Drahtenden des Elektromagneten (N2) befestigst du wie gezeigt am Sender. Nun werden B1 und N1 durch Elektrokabel mit der zweiten Batterie bzw. der Glühbirne und Batterie verbunden. Das ist der Empfänger.

5 Mit dem Morsealphabet kannst du nun Botschaften übermitteln. Dazu drückst du auf den Schalter. N2 zieht B2 an, der Strom wird weitergeleitet, und die Glühbirne brennt (langes Lichtsignal –, kurzes •).

Lichtstrahlen brechen

Welche Farbe hat Gras oder eine Orange? Du glaubst vielleicht, das ist sonnenklar, aber es genügt, die Beleuchtung zu verändern – und schon ist alles anders…

Sonnenlicht brechen

Du benötigst:
– einen kleinen Spiegel
– einen tiefen Teller
– ein weißes Blatt Papier

1 Befestige das weiße Blatt an der Wand neben einem Fenster, durch das Sonnenlicht fällt. Den mit Wasser gefüllten Teller stellst du in die Sonne und tauchst den Spiegel schräg zur Hälfte ein.

2 Drehe den Spiegel so, dass die Regen-bogenfarben auf das Papier an der Wand fallen. Sie bilden das Farbspektrum weißen Lichts.

Lichtstrahlen spalten

Sonnenlicht dringt ins Wasser ein, bevor es an der Oberfläche reflektiert wird. Auf dieser Strecke wird es leicht abgelenkt. Isaac Newton (1642–1727) hat mit Hilfe eines Prismas entdeckt, dass Sonnenlicht sich aus verschiedenfarbigen Strahlen zusammensetzt, die sich nicht alle gleich verhalten. Manche werden stärker abge-lenkt als andere.

Der Regenbogen

Ein Regenbogen entsteht, wenn es regnet und gleichzeitig die Sonne scheint. Die Sonnen-strahlen durchdringen die Wassertropfen und werden gebrochen; beim Verlassen des Tropfens orientieren sich die farbigen Lichtstrahlen jeweils in eine etwas andere Richtung, wodurch die Farbbänder entstehen: rot, orange, gelb, grün, blau, lila, violett.

Farbige Gegenstände

 ★

Du benötigst:
- eine Taschenlampe
- Transparentfolie (rot und grün)
- eine Grünpflanze
- eine Orange

Den Versuch musst du in einem dunklen Raum durchführen.

1 Zuerst hältst du die rote Folie vor die Lampe und strahlst die Pflanze an. Sie ist nicht mehr grün, sondern schwarz.

2 Jetzt setzt du die grüne Folie vor die Lampe und beleuchtest die Orange. Auch sie wird schwarz; die Pflanze dagegen behält mit der grünen Folie ihre natürliche Farbe.

Farberscheinung

Die Farbe der Dinge wird davon bestimmt, welche Lichtstrahlen sie reflektieren. Pflanzen sind grün, weil sie alle Farbstrahlen des Sonnenlichts absorbieren, außer den grünen. Kohle absorbiert alle Strahlen, daher ist sie schwarz. Umgekehrt absorbiert Schnee überhaupt nicht, sondern reflektiert alle Farbstrahlen: Er ist weiß.

Die Farbpalette

Bündelt man alle Farbstrahlen des Regenbogens, entsteht weißes Licht. Und allein aus den Regenbogenfarben können alle auf der Erde möglichen Farben gewonnen werden. Man braucht sie nur auf einer Palette zu mischen.

Weiß entsteht aus allen Farben

Du benötigst:
– 20×20 cm Karton
– Papier in den Regenbogenfarben
– eine Schere
– einen Zirkel
– Klebstoff
– einen Bleistift

1 Zeichne mit dem Zirkel einen Kreis von 20 cm Durchmesser auf den Karton und unterteile diesen in zwölf gleiche Segmente.

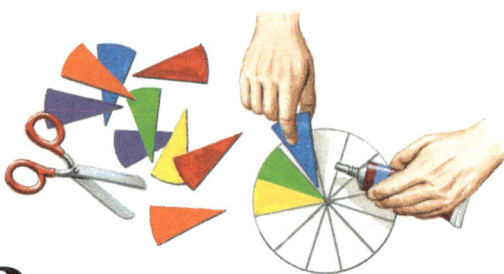

2 Aus dem Papier in den sechs Hauptfarben des Regenbogens (violett, blau, grün, orange, gelb, rot) schneidest du zwölf passende Teile aus und klebst sie bunt gemischt auf den Karton.

3 Die Mitte des Pappkreises durchbohrst du mit dem Bleistift und lässt ihn so schnell wie möglich kreiseln. Es zeigt sich ein milchiges Weiß, denn weißes Licht ist eine Mischung aus farbigem Licht. Diesen Versuch hat Isaac Newton (1642–1727) erfunden.

Vierfarbendruck

Beim Farbdruck müssen alle denkbaren Farbtöne mit einem Minimum an Farben (Grundfarben) erzielt werden. In den Druckereien werden dafür „cyan" (hellblau), „magenta" (rosarot), „yellow" (hellgelb) und schwarz verwendet. Das Neben- und Übereinanderlegen tausender von blauen, roten, gelben und schwarzen Punkten ergibt schließlich die gewünschten Farbnuancen. Das Auge lässt all die kleinen Farbpunkte zu einem einheitlichen Bild verschmelzen.

Farbmischungen

Wenn du viele verschiedene Farben mischst, entsteht ein fast schwarzer Farbton.

Farben aufspalten

Du benötigst:
– Filzstifte
– ein Glas
– Essigwasser
– einen Kaffeefilter
– einen Bleistift
– Klebeband

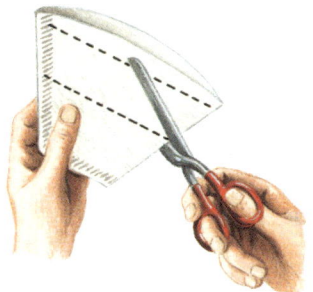

1 Schneide einen 10 × 2 cm großen Streifen aus dem Kaffeefilter.

2 Mit den Filzstiften malst du 2 cm über einem Ende des Streifens dicke Farbpunkte. Das andere Ende klebst du am Bleistift fest.

Farbiges Licht bündeln

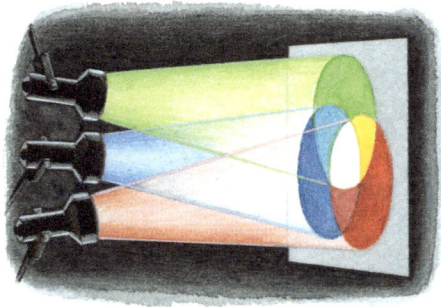

Vermischt sich verschiedenfarbiges Licht, entsteht Weiß.

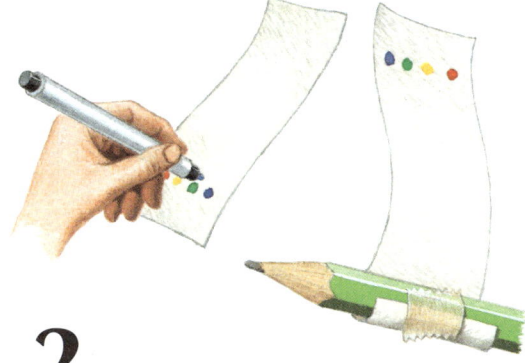

3 Um herauszufinden, aus welchen Grundfarben die Tinte deiner Filzstifte gemischt ist, tauchst du den Filterstreifen in das 1 cm hoch mit Essigwasser gefüllte Glas. Die Farbpunkte dürfen das Wasser nicht berühren.

4 Durch die Kapillarwirkung steigt das Essigwasser im Papier hoch und nimmt dabei – mehr oder weniger – die Farben mit. Dabei trennen sich die Farbmischungen. Diese in Labors häufig verwendete Technik heißt Chromatografie.

Geheimtechniken

Um Nachforschungen wie ein richtiger Geheim-agent betreiben zu können, muss man listig und verschwiegen sein. Hier ein paar schlaue Tricks mit Licht!

Eine Geheimbotschaft

Du benötigst:
- 2 Papierblätter
- etwas Wasser
- einen Kugelschreiber

1 Eines der Blätter tauchst du ins Wasser.

2 Dann legst du das trockene Blatt auf das nasse und schreibst deine Botschaft. Sie drückt sich auf das nasse Papier durch. Lass das Blatt trocknen, und die Schrift ver–schwindet!

3 Sobald du aber das Papier wieder nass machst, wird die Botschaft wieder sichtbar!

Vom Kugelschreiber eingedrückt

Durch den Druck mit der Kugelschreiber-spitze werden die Papierfasern zusam-mengepresst. Sind sie nass, lassen sie kein Licht mehr durch und werden sichtbar.

Unsichtbare Tinte

Man kann aber auch Botschaften schreiben, die erst lesbar sind, wenn starkes Licht auf sie fällt.
Die unsichtbare Tinte besteht aus Silbernitrat, das vorsichtig zu verwenden ist, weil es Ätzungen an der Haut hervorruft. Die Silberkörnchen wer-den im Licht schwarz. (Der Stoff wird auch in der Fotografie verwendet.)

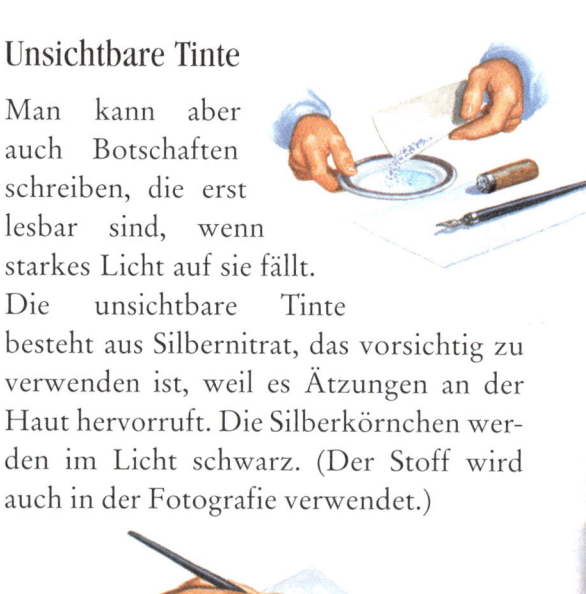

Enigma – eine Maschine, die versagt hat

Im Zweiten Weltkrieg, 1939–1945, wurde von den Deutschen ein Code entwickelt, mit dem Botschaften wirklich geheim übermittelt werden konnten. Ohne die zugehörige spezielle Maschine konnte niemand die Texte entschlüsseln. Zusammen mit dem deutschen U-Boot UB 110 kamen die Alliierten 1941 in den Besitz einer solchen Maschine, die dem berühmten englischen Mathematiker Alan Turing übergeben wurde. Er fand heraus, wie sie funktionierte, und so gelang es den Alliierten, eine große Zahl deutscher Geheimbotschaften zu entschlüsseln.

Geheimtinte

 ★

Du benötigst:
– Zitronensaft
– einen Federhalter mit Feder
– ein Blatt Papier
– eine Wärmequelle (Feuerzeug, Herd, Bügeleisen o. a.)

1 Schreibe deinen Geheimbrief mit dem Zitronensaft.

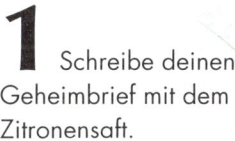

Achtung! Das Papier brennt, wenn du es zu lange erhitzt.

2 Damit der Text erscheint, musst du das Blatt in die Nähe einer Wärmequelle bringen. Durch die Hitze färbt sich der Zitronensaft braun, und die Schrift wird sichtbar.

Wie funktioniert das?

Wirkliche Geheimagenten, von denen niemand weiß, dass sie es sind, benützen eine Vielzahl an geheimen Kommunikationstechniken. Zum Beispiel kann ein Mikrofilm von der Größe des Punktes auf einem i eine ungeheure Menge an Text enthalten. Eine codierte (verschlüsselte) Botschaft (z. B. durch Ändern oder Vertauschen der Buchstaben, durch sinnlose Wortreihen u. a.) ergibt nur für denjenigen einen Sinn, der den Code kennt, um sie zu entschlüsseln.

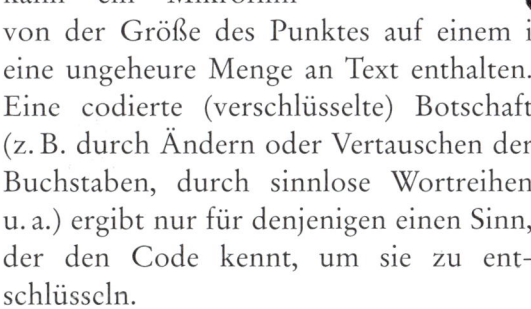

Spieglein, Spieglein an der Wand ...

„Spiegelglatte" und glänzende Oberflächen reflektieren das Licht. Ein Spiegelbild entsteht aus Lichtreflexen der Gegenstände. Das sehen wir uns einmal etwas näher an.

Licht reflektieren

Du benötigst:
– eine Taschenlampe
– Alufolie
– schwarzes Papier
– weißen Karton
– einen Spiegel
– einen Löffel
– einen gut gespitzten Bleistift
– einen Gummiring
– ein Glas

1 Verkleide die Lampe mit Alufolie; zur Befestigung dient ein Gummiring. Mit dem Bleistift bohrst du ein kleines Loch in die Folie.

2 Die Lampe legst du auf einen Tisch und verdunkelst das Zimmer. Dann hältst du nacheinander das schwarze Papier, den weißen Karton, den Löffel, ein Stück Alufolie und einen Spiegel ins Licht der Lampe.

3 Trifft das Licht auf glänzende Gegenstände, z. B. Spiegel und Alufolie, wird es reflektiert.

Dunkle Objekte absorbieren die Lichtstrahlen.

Auf den Mond wird gezielt

Um die Entfernung zwischen Erde und Mond exakt zu messen, richtet man einen Laserstrahl auf einen Reflektor, der von amerikanischen Astronauten auf dem Mond aufgestellt wurde. Für den Hin- und Rückweg benötigt der Lichtstrahl nur 2,56 Sekunden. Die Lichtgeschwindigkeit beträgt 300 000 km/s. Wie weit sind Erde und Mond also voneinander entfernt?

Die Antwort findest du auf S. 154.

Seltsame Spiegelbilder

Die Lichtreflexe sind von der Form der Objekte abhängig.

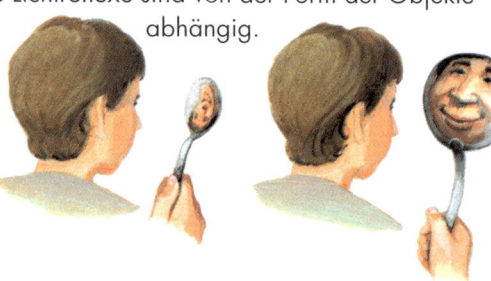

In der Krümmung eines Löffels kehrt sich das Spiegelbild um.

Auf der Rückseite einer Kelle ist das Spiegelbild kurz und breit.

Reflexspiele

Du benötigst:
– Alufolie
– 10 × 8 cm steifen Karton
– einen alten Kugel-
  schreiber
– Klebeband

1 Befestige die Alufolie – ohne sie zu zer-
knittern – mit Klebeband auf dem Karton.

2 Diesen Spiegel stellst du auf die
gestrichelte Linie rechts im Buch.

Wir treffen uns

um 15 Uhr am Brunnen

3 Lies die Nachricht oben mit deinem
Spiegel. Das Spiegelbild ist immer umgekehrt, rechts wird zu links.

4 Mit einem weißen Blatt Papier und
Durchschlagpapier kannst du selbst
spiegelbildliche Botschaften verfassen.
Verwende dafür einen alten Kugelschreiber. Der Text auf der Rückseite des
Blatts erscheint umgekehrt und ist nur
mit deinem Spiegel lesbar.

Listiger Leonardo

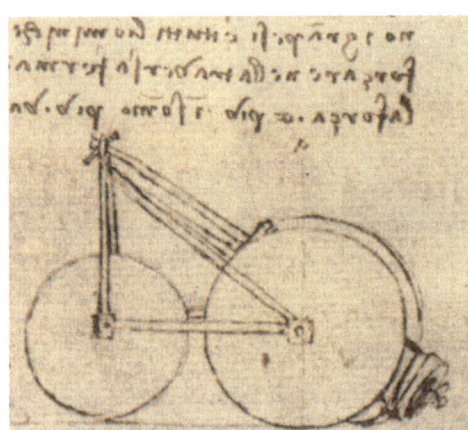

Leonardo da Vinci (1452–1519) hatte
Angst, dass jemand seine Notizbücher
lesen könnte. Deshalb hat er spiegelbild-
lich geschrieben, sodass man zum Lesen
eben einen Spiegel braucht.

Das Periskop ist ein Beobachtungsinstrument in U-Booten, mit dem man nach oben und zur Seite sehen kann, ohne selbst entdeckt zu werden.

Nach oben schauen

Du benötigst:
– 2 kleine Spiegel
  gleicher Größe
– steifen Karton
– eine Schere
– Klebeband

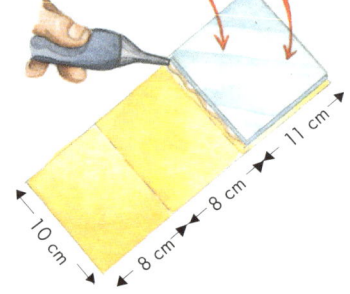

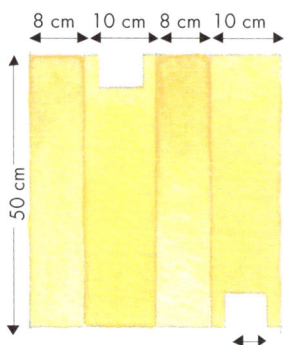

1 Schneide zwei Kartonstücke zu, die zweieinhalbmal so lang und genauso breit sind wie der Spiegel. Die Spiegel befestigst du wie oben gezeigt.

2 Dann faltest du den Karton zu einem dreieckigen Ständer für den Spiegel.

3 Übertrage die Umrisse der abgebildeten Zeichnung auf den Karton.

Nach hinten blicken (ohne sich umzudrehen)

Beim Autofahren ist es gefährlich, wenn sich der Fahrer umdreht, um nachzusehen, was hinter ihm passiert! Mit dem Rückspiegel ist dieses Problem sehr leicht gelöst.

Seitlich sehen

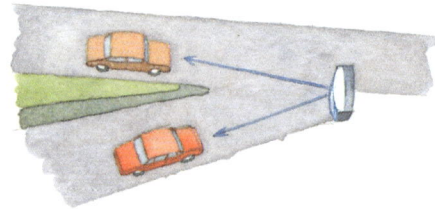

Mit gekrümmten Spiegeln, z. B. an Garagenausfahrten oder in Bereichen, die nicht einsehbar sind, kann man von der Seite kommende Fahrzeuge beobachten.

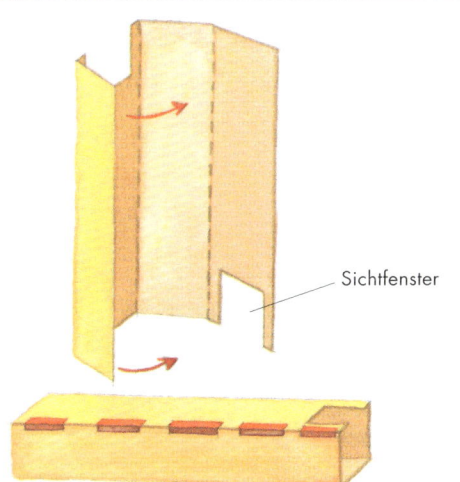

Sichtfenster

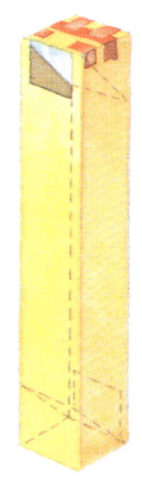

4 Schneide die Sichtfenster aus und bilde ein eckiges Rohr.

5 Klebe die beiden Ständer so im Rohr fest, dass die Spiegel zu den Sichtfenstern zeigen.

6 Wenn du dich so hinter einer Mauer versteckst, dass der obere Spiegel darüber hinausragt, kannst du alles beobachten, ohne selbst gesehen zu werden.

Unterseeboote

Um nicht entdeckt zu werden, bewegen sich U-Boote unter Wasser fort. Sie können ein rundum (um 360°) schwenkbares Periskop ausfahren, mit dem man unbemerkt die Wasseroberfläche beobachtet.

Reflex eines Reflexes: das Kaleidoskop

Mit mehreren Spiegeln hat das Phänomen der Lichtreflexion noch erstaunlichere Wirkung. Kommen Spiegelungen der Reflexe hinzu, ist die Illusion perfekt!

Zwei Spiegel: unendliche Lichtreflexe

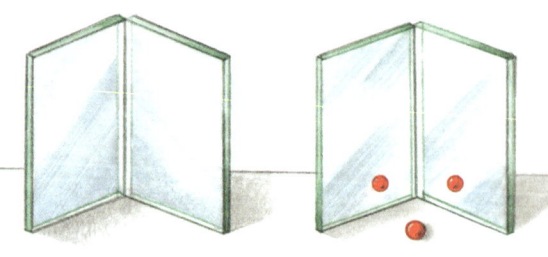

Du benötigst:
– Klebeband
– 2 Spiegel gleicher Größe
– einen Gegenstand,
  z. B. eine Murmel

1 Verbinde die beiden Spiegel an einer Kante mit Klebeband.

2 Dann stellst du sie geöffnet auf.

3 In die Mitte legst du deinen Gegenstand. Wie viele Spiegelungen siehst du?

Was ist passiert?

Wenn du die Spiegel enger zusammenstellst, reflektiert sich das Licht selbst. Es ergeben sich Spiegelungen der Spiegelungen. Stellt man die Spiegel einander gegenüber auf, wird das Objekt dazwischen unendlich reflektiert.

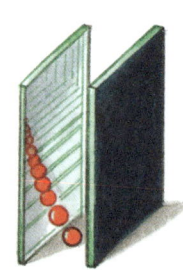

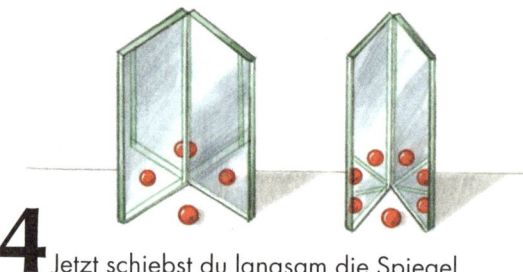

4 Jetzt schiebst du langsam die Spiegel zusammen. Was verändert sich?

Vom Dreieck zum Sechseck

Du benötigst:
– 2 zusammengeklebte Spiegel
– einen Bleistift
– weißes Papier
– Buntstifte

1 Lege den Bleistift wie gezeigt zwischen die beiden geöffneten Spiegel. Es entsteht ein Dreieck.

2 Dann veränderst du den Abstand der Spiegel zueinander, sodass gleichmäßige geometrische Figuren entstehen: ein Quadrat, ein Fünfeck, ein Sechseck.

3 Auf weißes Papier zeichnest du ähnliche Motive wie die abgebildeten, malst sie bunt aus und beobachtest sie mit deinen Spiegeln.

Drei Spiegel: das Kaleidoskop

Du benötigst:
– 3 rechteckige Spiegel
– Klebeband
– Transparentfolie
– Transparentpapier
– dünnen Karton
– Buntstifte
– eine Schere

1 Verbinde die drei Spiegel so mit Klebeband, dass die Spiegelflächen nach oben zeigen.

2 Dann bildest du – mit den Spiegelflächen nach innen – das Prisma.

3 Eine Seite schließt du mit einem Kartondreieck und bohrst in der Mitte mit einem spitzen Bleistift ein Loch.

4 Aus Transparentfolie und Transparentpapier schneidest du zwei Dreiecke und klebst sie mit Klebeband zusammen. In diesen Umschlag schiebst du bunt bemalte Papierschnipsel.

Zauberhafte Bilder

Mit deinem Kaleidoskop blickst du durch das Loch ins Licht und drehst es dabei. Das Licht trifft auf die drei Spiegel, die die farbigen Teilchen in verschiedenen Winkeln wiedergeben. Unaufhörlich entstehen neue Bilder.

5 Mit dem Transparentpapier nach außen klebst du dieses Element auf das andere Ende des Prismas.

Die Dunkelkammer

Ritsch, ratsch – und wieder ein Foto. In der Dunkelkammer des Apparats entsteht das Bild, auf dem Film ist es aufgezeichnet. Aber wie funktioniert das alles?

Eine Dunkelkammer basteln

Du benötigst:
- einen Schuhkarton
- eine Lupe
- Transparentpapier
- Klebeband
- einen Gummiring

1 Schneide deinen Schuhkarton in zwei ungleiche Teile.

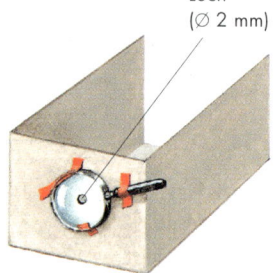

2 In die Front des längeren Teilstücks bohrst du ein Loch von 2 mm Durchmesser und befestigst darauf mit Klebeband die Lupe.

Loch (∅ 2 mm)

3 Im kürzeren Kartonstück schneidest du ein großes Fenster aus; darüber klebst du das Transparentpapier.

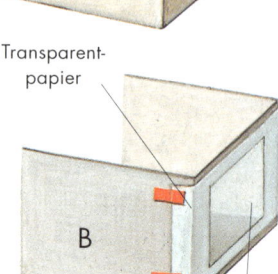

Transparentpapier

Fenster

> **Noch ein Tipp ...**
> Je nach der Entfernung deines Gegenstands zum „Fotoapparat" kann das Bild verschwommen sein. Wenn du Teil B in Teil A verschiebst, kannst du ein klares Bild erzielen: Du hast dein Bild „scharf gestellt".

4 Teil B mit dem Transparentpapier steckst du nun in Teil A.

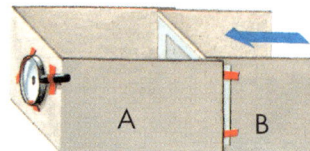

5 Die beiden Teile schließt du mit dem Deckel und befestigst den Gummi darüber. Wenn du deinen Apparat nun ins Licht hältst und hindurchschaust, steht die Welt auf dem Kopf!

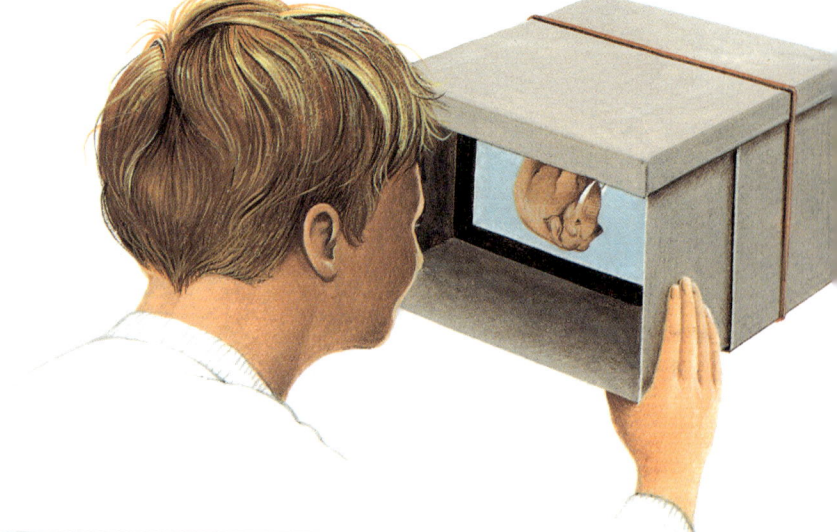

Das Innere einer Sucherkamera

Das Gehäuse der Sucher-kamera wird im Fotolabor geöffnet, um den 24 × 36 mm-Film entnehmen und entwickeln zu können.

1 Sucher   3 Rändelrad   5 Dunkelkammer
2 Auslöser   4 Objektiv   6 Film

Das Auge – eine perfekte Kamera

Auch das Auge enthält eine Linse. Auf der Netzhaut am Augenhintergrund zeichnet sich ein umgekehrtes Bild ab – wie auf dem Transparentpapier deiner Dunkelkammer. Die Netzhaut ist mit Sinneszellen ausgekleidet, die das Licht in Impulse für die Nerven umwandeln. Diese Informationen werden an das Gehirn weitergeleitet.

Wenn du etwas betrachtest, steht das Bild des Objekts auf der Netzhaut des Auges erst einmal auf dem Kopf. Das Gehirn interpretiert die Bilder und „bringt sie wieder in Ordnung".

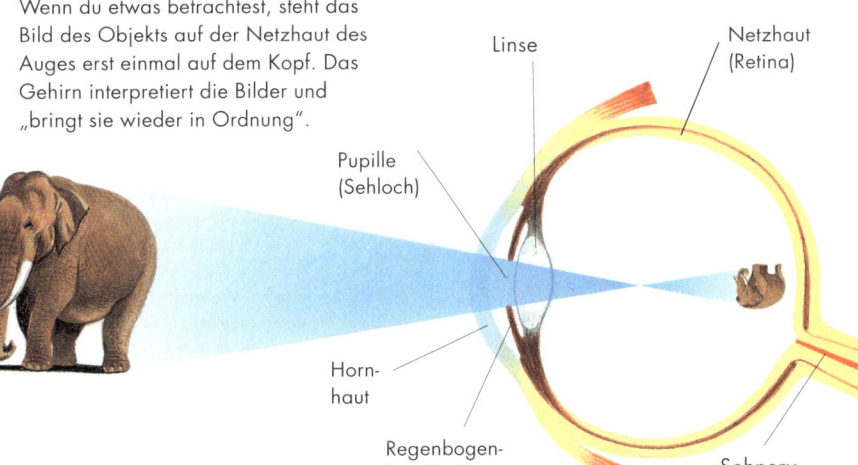

Linse

Netzhaut (Retina)

Pupille (Sehloch)

Horn-haut

Regenbogen-haut (Iris)

Sehnerv

Zum besseren Verständnis

Von allen Punkten eines Objekts gehen geradlinige Licht-strahlen aus. Es dringen jedoch nur diejenigen Strahlen in deine Dunkelkammer, die durch das Loch passen. Da es sehr klein ist, überkreuzen sie sich an dieser Stelle, und deshalb steht alles auf dem Kopf.

Fotoapparate gestern und heute

Balgenkamera

In einer Spiegelreflex-kamera …

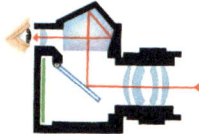

… fällt das Licht durch das Objektiv ein und wird in den Sucher reflektiert …

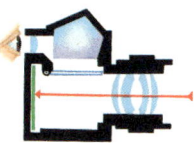

… Betätigt man den Auslöser, klappt der Spiegel hoch, und das Licht fällt auf den Film.

Eine Kamera mit Motor transportiert den Film nach jeder Aufnahme automatisch weiter.

Bei einer Sofortbild-kamera wird das Foto sofort nach der Aufnahme entwickelt.

Gebrochenes Licht

Licht bewegt sich immer in gerader Linie ... außer, es durchquert verschiedenartige Stoffe. Dabei kann man eine Richtungsänderung beobachten: Man sagt, es wird „gebrochen".

Schnurgerade Lichtstrahlen

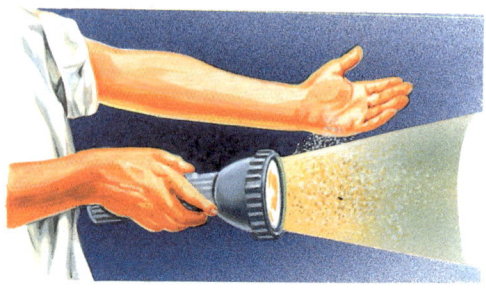

Schalte im Dunkeln die Lampe ein. Das Licht kannst du nur in dem Lichtfleck an der Wand sehen, denn in sauberer Luft ist es unsichtbar. Streust du aber etwas Talg in den Lichtkegel, erkennst du durch den beleuchteten Puder den geradlinigen Verlauf der Strahlen.

Zerbrochener Trinkhalm?

Betrachte ein Wasserglas mit einem Trinkhalm aus einigem Abstand. Der Halm scheint am Berührungspunkt mit dem Wasser zerbrochen zu sein. Beim Eindringen ins Wasser wird das Licht langsamer. Die Strahlen ändern geringfügig ihre Richtung: Sie werden „gebrochen".

Eine Zaubermünze

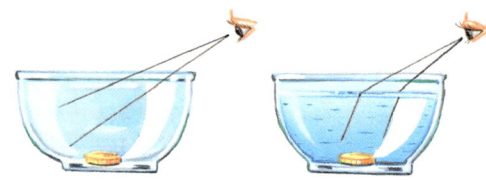

Lege eine Geldmünze in eine leere Schale. Dann gehst du so weit zurück, bis die Münze hinter dem Rand der Schale verschwindet. Von dort aus füllst du das Gefäß mit Wasser. Jetzt kannst du das Geldstück sehen, weil das Licht durch das Wasser „abgelenkt" wird.

Die Lichtbrechung täuscht: Der Fisch scheint näher an der Wasseroberflache zu schwimmen als es tatsächlich der Fall ist.

Lichtstrahlen brechen

Du benötigst:
– einen Schuhkarton
– eine Taschenlampe
– 2 Gläschen (rund und mit geraden Seiten)
– Lineal, Bleistift, Cutter
– ein Blatt weißes Papier

1 Schneide eine Längsseite des Kartons ab und klebe das Papier in den Boden. Bitte einen Erwachsenen, einen 1 mm breiten Spalt an einer der Schmalseiten einzuritzen.

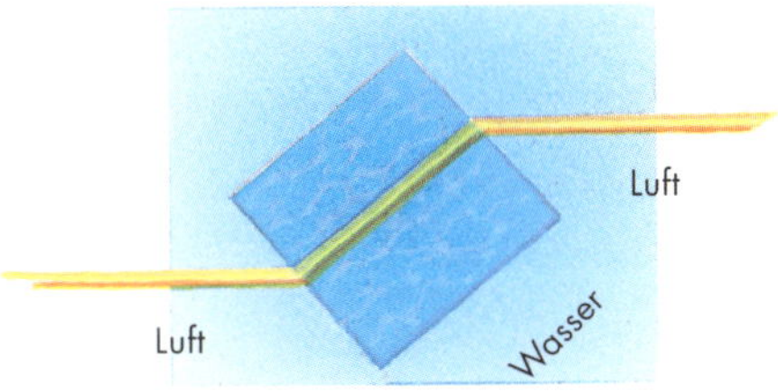

2 In einem abgedunkelten Raum legst du die eingeschaltete Lampe vor den Spalt und ziehst auf dem Blatt den Lichtstrahl nach.

3 Jetzt stellst du das Glas mit geraden Seiten in den Karton. Beobachte die Brechung des Lichts und zeichne sie nach. Was passiert, wenn du das Glas verrückst oder das runde verwendest?

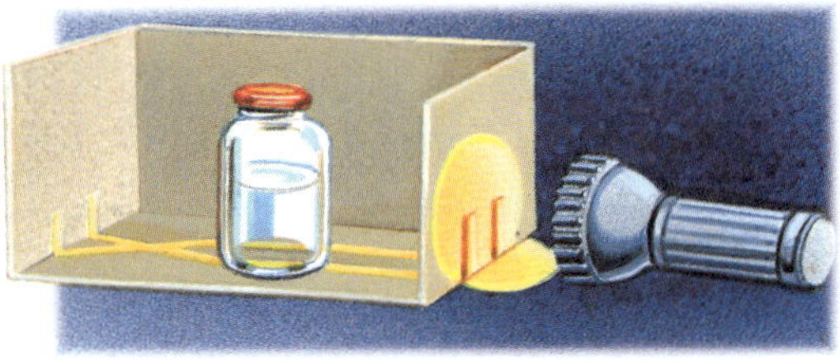

4 In 2 cm Abstand vom ersten schneidest du einen zweiten Spalt ein und stellst das mit Wasser gefüllte runde Glas in die Strahlen. Sie werden gebrochen und kreuzen sich hinter dem Glas.

Um Gegenstände zu vergrößern oder zu verkleinern, verwendet man transparente Materialien wie Glas oder Wasser. Dringt das Licht in sie ein, wechselt es die Richtung. Es bricht sich.

Ein Wassertropfen zur Vergrößerung

Du benötigst:
- einen Trinkhalm
- dünnen Karton (z. B. Visitenkarte)
- einen Locher
- eine Taschenlampe
- eine Schere
- Wasser
- Gegenstände zum Beobachten (z. B. ein Blatt, Sand, etc.)

1 Die Mitte des Kartons wird gelocht (Durchmesser 4 mm). Dann faltest du den Karton wie abgebildet.

2 Mit dem Trinkhalm setzt du vorsichtig einen Wassertropfen auf das Loch. Er dient als Vergrößerungslinse.

3 Nun legst du einen kleinen Gegenstand unter den Karton und beleuchtest ihn mit der Taschenlampe. Um das Bild scharf zu stellen, hebst du den Karton oder drückst ihn nach unten: Du hast eine Lupe gebaut.

Wie kann man etwas vergrößern?

Alle optischen Vergrößerungsinstrumente (z. B. Fernglas, Teleobjektiv in Fotoapparat oder Filmkamera, Teleskop oder Mikroskop) arbeiten mit konvexen Linsensystemen. Solche Linsen vergrößern einen Gegenstand, konkave Linsen verkleinern ihn.

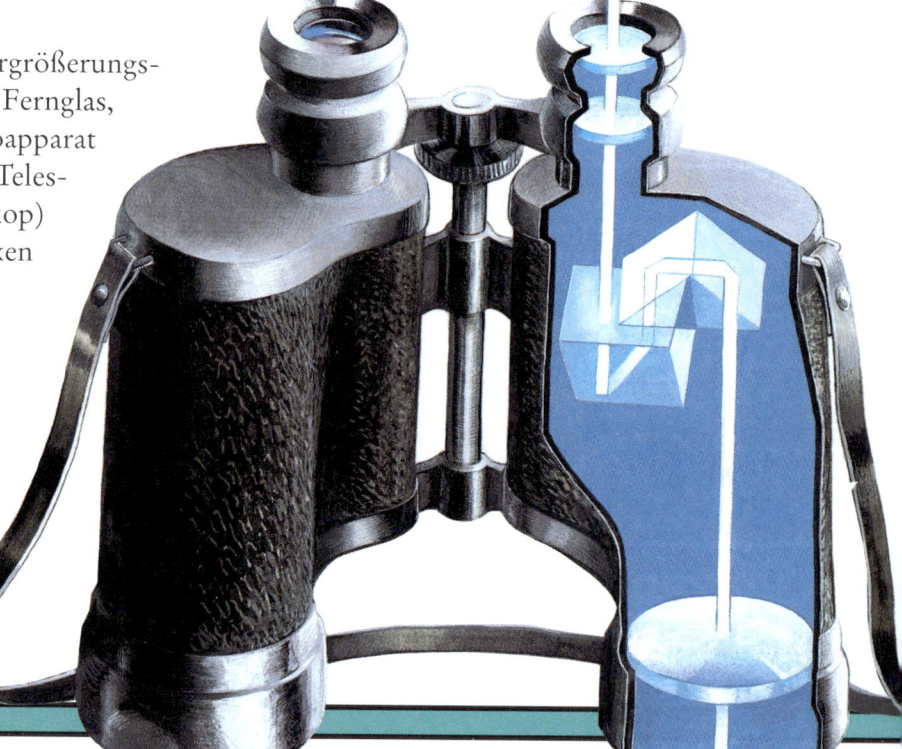

Wasserlinse

Stelle ein Foto oder ein Buch hinter ein Glas mit Wasser, und das Bild wird vergrößert. Die konvexe Form des Glases und das Wasser wirken wie eine Lupe.

Brille für Kurzsichtige

Bei Kurzsichtigkeit muss eine Brille verkleinernd wirken. Du kannst das mit einem Buch oder Bild überprüfen und siehst alles kleiner. Die Brillengläser sind konkav geformt.

Bündeln oder streuen

Du benötigst:
- eine Taschenlampe
- dünnen Karton (z. B. Visitenkarte)
- einen Kamm
- ein weißes Blatt Papier
- eine Lupe
- eine Brille (für Kurzsichtigkeit)

konvexe Linse

konkave Linse

1 Schneide ein Loch von 2 cm Durchmesser in den Karton; davor stellst du den Kamm. Das Papier legst du auf eine Unterlage.

2 In einem dunklen Raum wirfst du mit der Taschenlampe von hinten Licht auf die Öffnung. Stellst du nun die Lupe vor den Karton, laufen die Schatten der Zähne des Kamms in einem Punkt zusammen: Die Lichtstrahlen werden gebündelt.

3 Mit der Brille eines Kurzsichtigen anstatt der Lupe geschieht das Gegenteil: Die Schatten laufen auseinander, die Lichtstrahlen werden gestreut.

Ein Brennglas

Nach der Überlieferung steckte Archimedes sogar eine feindliche Flotte vor Syrakus in Brand, indem er die Sonnenstrahlen über ihr bündelte. Das ist bestimmt ein Märchen, aber ein Stück Papier kannst du mithilfe einer Lupe zum Bündeln der Strahlen durchaus anzünden. Vorsicht mit dem Feuer!

Fernrohre

Mit zwei Lupen kann man ein vereinfachtes Fernrohr bauen – leistungsstark genug, um die „Meere" auf dem Mond und die Farbe bestimmter Sterne erkennen zu können.

Ein „Lupenfernrohr"

Du benötigst:
– eine kleine und eine
  große Lupe
– ein langes, flaches Lineal
– 2 große Gummiringe
– weißen Karton

1 Mit dem Gummiring befestigst du eine Lupe auf dem Lineal.

2 Stelle den Karton auf das Lineal und sieh durch das Fenster. In bestimmtem Abstand von der Lupe erscheint die Landschaft umgekehrt auf dem Karton. Diese Entfernung ist die Brennweite der Linse. Genauso misst du die Brennweite der zweiten Lupe.

3 Wenn du nun die beiden Brennweiten addierst, ergibt sich der Abstand, in dem beide Lupen montiert werden müssen. Blickst du durch die kleinere, stehen die Objekte auf dem Kopf (was in der Astronomie keine Rolle spielt), aber sie erscheinen vergrößert.

Die größere Lupe besitzt auch die größere Brennweite. Sie dient als Objektiv, mit dem das einfallende Licht gebündelt wird und im Brennpunkt (auf dem Karton) ein Bild entsteht. Die kleinere Linse ist das Okular, durch das du dieses Bild vergrößert betrachten kannst.

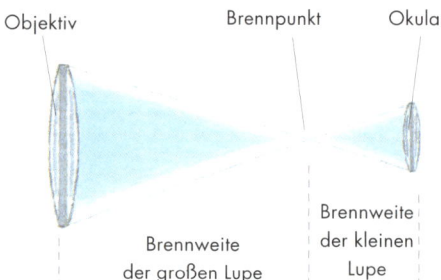

Objektiv   Brennpunkt   Okular

Brennweite
der großen Lupe

Brennweite
der kleinen
Lupe

Teleskope des 21. Jahrhunderts

In Chile entsteht ein Teleskop, das den Blick in Weiten ermöglichen wird, die noch nie ein Mensch zuvor erblickt hat. Das „Very Large Telescope" (kurz VLT) besteht aus vier identischen Teleskopen mit jeweils acht Metern Durchmesser. Die Anlage soll 2005 in Betrieb genommen werden.

Rechenbeispiel

Weißt du, wie stark die Gegenstände durch dein Fernrohr vergrößert werden? Den Vergrößerungsfaktor kannst du sehr einfach berechnen, indem du die Brennweite des Objektivs durch diejenige des Okulars dividierst. Ein Fernrohr mit 20 cm Brennweite des Objektivs und 8 cm des Okulars vergrößert also z. B. 2,5fach.

Vom Spielzeug …

1610 verwendete der italienische Gelehrte Galileo Galilei (1564–1642) erstmals ein Fernrohr zur astronomischen Himmelsbeobachtung. Zwar hatten die Holländer schon früher Fernrohre gebaut, doch waren diese von sehr schlechter Qualität, weil sie nicht für wissenschaftliche Zwecke gedacht waren. Es handelte sich dabei eher um Spielzeuge.

… zum Teleskop

Galilei hat selbst Linsen zugeschnitten und geschliffen. Damit konstruierte er optische Instrumente, mit denen es ihm gelang, die Satelliten des Planeten Jupiter, die Krater und Gebirge auf dem Mond und die Phasen der Venus zu beobachten. Seine Beobachtungen haben die Vorstellung der Menschheit vom Universum tief greifend verändert.

Gleichgewicht, Ungleichgewicht

Ob sich ein Gegenstand im Gleichgewicht befindet, hängt von der Lage seines Schwerpunkts ab. Je tiefer dieser liegt, desto stabiler der Zustand. Einem Seiltänzer gelingt daher ein wirkliches Kunststück…

Wo liegt der Schwerpunkt?

Der Schwerpunkt dieser gleichmäßigen Figuren ist ihr Mittelpunkt. Um ihn zu bestimmen, zeichnest du einfach die Mittellinie und Diagonalen ein.

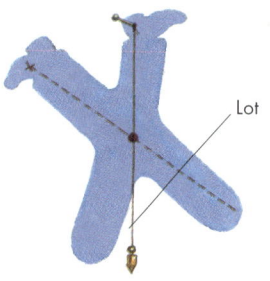

Lot

Ist die Fom alllerdings ungleichmäßig, bestimmst du den Schwerpunkt mit einem Lot (Faden plus Gewicht), sodass du zwei Geraden markieren kannst.

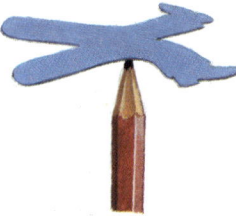

Oder man findet den Schwerpunkt durch Ausbalancieren der Form auf einem Bleistift.

Seiltänzer basteln

 ★

Du benötigst:
– Karton, Murmeln
– Bindfaden
– 2 mit Wasser gefüllte Flaschen
– Klebeband

1 Schneide aus Karton die Seiltänzer aus und verziere sie.

Einen Bleistift balancieren

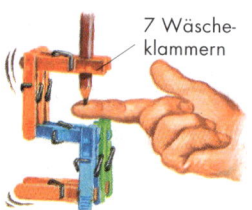

7 Wäscheklammern

Durch die Wäscheklammern verlagert sich der Schwerpunkt nach unten.

Ein Bleistift in der Horizontalen

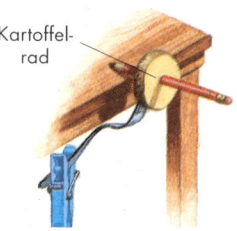

Kartoffelrad

Überraschungsschachtel

Sie bleibt ganz allein liegen!

Diese Stellungen kannst du nur einnehmen, wenn sich dein ganzer Körper mitbewegt.

Achtung! Empfindliches Gleichgewicht ..

Ein Gegenstand befindet sich im Gleichgewicht, so lange sich die vertikale Linie, die durch seinen Schwerpunkt verläuft, in seiner Stütze fortsetzt.

2 Auf der Rückseite befestigst du mit Klebeband an jeder Hand eine Murmel.

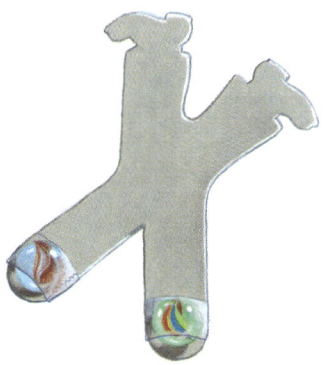

Stabiles Gleichgewicht

Je tiefer der Schwerpunkt liegt, desto schwieriger ist es, einen Gegenstand umzukippen. Um die Stabilität eines Fahrzeugs zu erhöhen, werden deshalb die Motoren so tief wie möglich gelegt.

3 Zwischen den beiden Flaschen spannst du wie gezeigt den Faden. Damit sich deine Seiltänzer fortbewegen, tippst du mit der Hand leicht den Faden an.

Gleichgewichts-Flaschenkork

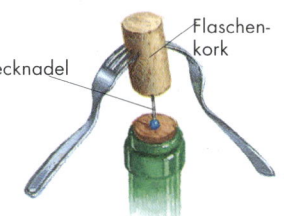

Stecknadel

Flaschenkork

Fällt nicht herunter!

Stehaufmännchen

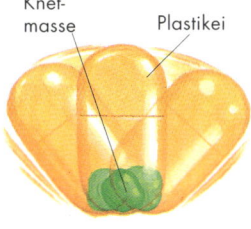

Knetmasse

Plastikei

Steht immer wieder auf!

Widerspenstiges Rad

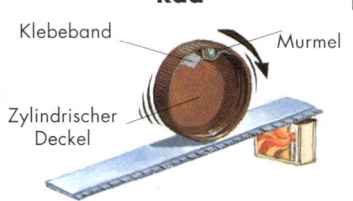

Klebeband

Murmel

Zylindrischer Deckel

Rollt von alleine hoch!

Verrückter Ballon

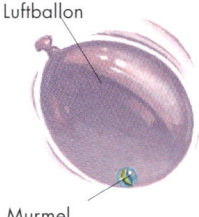

Luftballon

Murmel

Saust wild durch die Gegend!

Bitte anschnallen!

Beim abrupten Bremsen kommt das Auto zum Stehen, aber die Insassen werden aufgrund der Fahrtgeschwindigkeit nach vorne geworfen. Hier wirkt das Gesetz der Trägheit. Aber zum Glück gibt es ja Sicherheitsgurte!

Ketchup und Trägheit!

Zuerst schüttelst du das Ketchup mit kräftigen Stößen nach unten. Dann stoppst du diese Bewegung abrupt mit der anderen Hand. Zwar has du vorher Ketchup und Flasche nach unten gestoßen, jetzt aber wird nur die Flasche gebremst. Das Ketchup quillt aufgrund der Trägheit heraus – wie gewünscht auf den Telle mit Pommes frites!

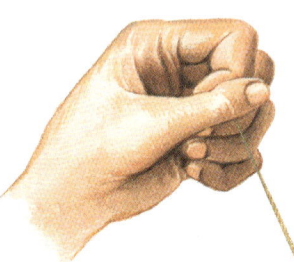

Ein Spiel mit der Trägheit: das Jo-Jo

Du benötigst:
– 2 große Knöpfe
– Faden und eine Nähnadel
– 50 cm Schnur

1 Nähe die Knöpfe Rücken an Rücken zusammen.

2 Befestige die Schnur zwischen beiden Knöpfen und bilde am anderen Ende eine Schlaufe. Dann rollst du die Schnur dazwischen auf.

3 Nun lässt du das Jo-Jo nach unten fallen. Durch die Drehbewegungen während des Falls rollt es sich wieder ein bisschen hoch. Je schwerer die Knöpfe, umso größer die Trägheit, und umso weiter steigt das Jo-Jo wieder nach oben.

Rohes Ei, gekochtes Ei ...

... sind leicht voneinander zu unterscheiden! Dazu drehst du das Ei, hältst es mit dem Finger an und nimmst ihn wieder weg. Das rohe Ei dreht sich weiter, weil Eiweiß und Eidotter noch immer rotieren; das hart gekochte Ei bewegt sich nicht mehr.

Tolle Sache!

Wie kann man die unterste Münze aus einem Geldstapel herausnehmen? Man macht sich die Trägheit von Masse zu Nutze! Mit der Klinge eines Messers schlägst du kurz und schnell das Geldstück heraus. Der Stapel bleibt aufgrund der Trägheit an Ort und Stelle.

Geringe oder starke Trägheit?

Du benötigst:
– eine Tasse
– eine Zündholzschachtel
– eine Orange
– eine Ansichtskarte

1 Über der Tasse türmst du Ansichtskarte, Zündholzschachtel und Orange übereinander.

2 Dann ziehst du die Karte mit einem plötzlichen Ruck heraus. Weil die Zündholzschachtel leicht ist, wird sie von der Bewegung mitgerissen. Die Orange bewegt sich aufgrund ihrer starken Trägheit nicht weg: Sie fällt in die Tasse.

Fahren durch Trägheit

Eine schwere Metallscheibe im Inneren des Spielzeugautos speichert die durch Reiben der Räder am Boden entstandene Energie. Dieses Schwungrad funktioniert nach dem Gesetz der Trägheit.

Lässt du das Auto los, wird die Energie freigesetzt, und das Auto fährt.

Bei einer plötzlichen Bremsung reist schlecht befestigtes Gepäck alleine weiter ...

Energie umwandeln

Energie entsteht durch das Wirken von potenzieller (Anziehungskraft oder ausgeübter Kraft. Es gibt mechanische, kinetische, potenzielle und chemische Energie, Wärme-, Sonnen-, Windenergie u. v. m. Mit Maschinen lässt sich eine Energieform leicht in eine andere umwandeln.

Eine Dampfturbine

★★

Du benötigst:
- eine Aspirinschachtel aus Metall
- einen Trinkhalm
- 2 Kerzen
- eine leere Garnrolle
- kleine Rechtecke aus dünnem Karton
- einen Bleistift
- Klebeband

1 In den Deckel des Metallrohrs bohrst du ein Loch, durch das du ein kurzes Trinkhalmstück steckst. Fülle den Behälter zur Hälfte mit Wasser und verschließe ihn. Das ist der Dampfkessel.

2 Klebe acht Kartonrechtecke als Schaufeln auf die Garnrolle. Als Radachse schiebst du den Bleistift durch die Rolle. Das ist die Turbine.

3 Nun legst du den Kessel mithilfe zweier Auflager über die brennenden Kerzen. Durch den entweichenden Wasserdampf dreht sich das Rad (Vorsicht, heiß!). Statt des gebastelten Dampfkessels kannst du auch einen Teekessel verwenden.

Dampflokomotiven

Die Dampflokomoive ist eine hervorragende Maschine zur Energieumwandlung. Durch die im Heizwagen verbrannte Kohle wird Hitze (thermische Energie) freigesetzt, und diese treibt die Kurbelstangen und damit die Räder an (mechanische Energie), sodass der Zug sich fortbewegt (kinetische Energie).

Ein Wasserrad

Du benötigst:
- 8 kleine Plastiklöffel
- einen großen Flaschenkork
- ein Stecheisen (oder einen Stichel)
- eine Stricknadel (Nr. 1¹/₂ – 2)

1 Markiere zuerst die Lage der Löffel auf dem Kork.

2 Dann bohrst du mit dem Stichel für jede Position ein Loch. Die Löffel steckst du so hinein, dass alle Schaufeln in eine Richtung zeigen.

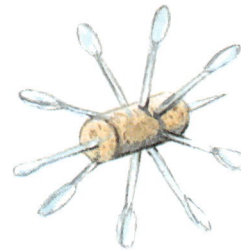

3 Auch durch die Mitte des Korks bohrst du der Länge nach ein Loch für die Stricknadel. Der Kork muss sich frei über ihr drehen können.

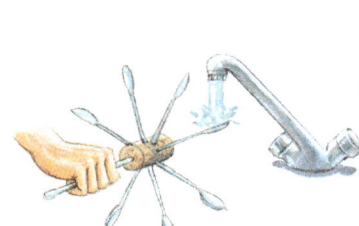

4 Dein Wasserrad hältst du unter den Wasserhahn. Die kinetische Energie des Wassers wird in mechanische Energie umgewandelt.

Mithilfe des Dampfes wird Wärmeenergie in mechanische Energie (zur Fortbewegung) umgewandelt.

Ein Motor mit Gummizug

Du benötigst:
- eine leere Metallbüchse (mit Deckel)
- einen Nagel
- einen Hammer
- einen Gummi
- Schnur
- eine große Schraubenmutter

1 In Boden und Deckel der Büchse schlägst du zwei Löcher.

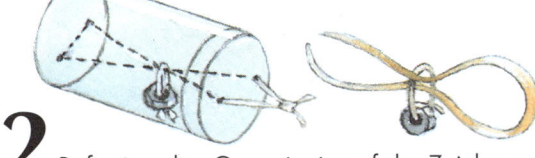

2 Befestige den Gummi wie auf der Zeichnung gezeigt und hänge die Mutter mit einem kurzen Stück Schnur daran auf.

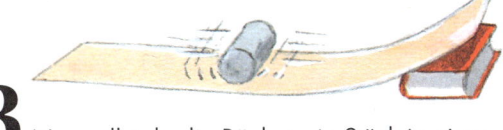

3 Nun rollst du die Büchse ein Stück in einer Richtung, damit der Gummi sich aufzieht. Loslassen, und die durch den Gummi gespeicherte potenzielle Energie wird in kinetische Energie (Bewegung) umgewandelt.

Windräder

Seit Jahrhunderten wird Windkraft zum Antrieb von Segelbooten, Windmühlen oder – wie heute – von Windrotoren eingesetzt. Mit Flügeln, Segeln oder Propellern wird diese unerschöpfliche, saubere und wirtschaftliche Energie nutzbar gemacht!

Ein Windrad basteln

1 Auf dem Papierquadrat zeichnest du die Diagonalen auf und schneidest sie ein.

2 Mit der Stecknadel steckst du die vier Flügel in der Mitte zusammen.

3 Dann wird das Rad auf den Kork gesteckt. Mit der Perle dazwischen kann es sich frei drehen.

Du benötigst:
– Zeichenpapier (ein Quadrat von 15 × 15 cm)
– eine Stecknadel mit Kopf
– eine Perle
– einen Flaschenkork

Betreiben kannst du das Windrad im Freien oder mit einem Haarfön oder Ventilator.

Windspiele

Je nach ihrer Stellung zum Wind drehen sich die Rädchen schneller oder langsamer.

Wind von vorn (Gegenwind)

Seitenwind

Das Rad dreht sich schneller, wenn der Wind seitlich hineinbläst.

Wind von vorn

Seitenwind

Je nach der Richtung, in der sie angelegt werden, drehen sich die Windräder in die eine oder andere Richtung. Welches der beiden Räder dreht sich im Uhrzeigersinn? Die Antwort findest auf S. 154.

a

b

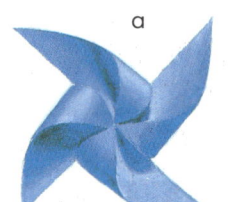

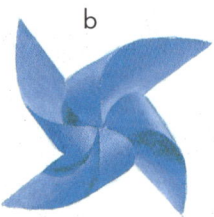

Mit einem einzigen „Flügel" wird daraus ein Surfbrett!

Andere Formen von Windrädchen …

… mit 2 Flügeln

… mit 3 Flügeln

… mit 6 Flügeln

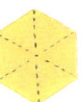

Die frühesten Windmühlen hatten Flügel aus Leinen. Man ahmte damit die Segel der Schiffe und Boote nach. Solche Windmühlen gibt es noch auf Kreta.

Später wurden die Flügel durch Holzgerüste verstärkt. Außerdem waren sie schwenkbar, so-dass sie immer in Windrichtung platziert werden konnten.

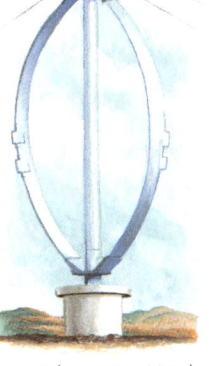

Die beiden Blätter die-ses Wind-rings drehen sich um eine Mittelachse. Computer-gesteuert wird die Position der Halbringe je nach Windrichtung verändert.

Energie gewinnen und umwandeln

Die vom Wind erzeugte Energie wird von Windmühlen in mechanische, von den Windrotoren in elektrische Energie umgewandelt, die keine Umweltverschmutzung verursacht.

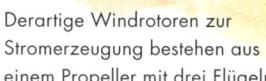

Derartige Windrotoren zur Stromerzeugung bestehen aus einem Propeller mit drei Flügeln.

Dank Archimedes...

Eureka (griechisch „Ich hab's")! Mit diesem Ausruf bekräftigte der Mathematiker und Physiker Archimedes um 200 v. Chr. die Erkenntnis, dass er in seiner Badewanne schwamm. Damit hatte er das Prinzip entdeckt, das seinen Namen trägt...

Schwimmt es oder geht es unter?

Du benötigst:
- ein hart gekochtes Ei (7 min)
- 4 Teelöffel feines Salz
- ein Glas mit Wasser

1 Lege das Ei in das Wasserglas: Es geht unter.

Das Ei verdrängt ein Wasservolumen, das seinem Volumen entspricht. Da Süßwasser weniger wiegt als das Ei, ist der Auftrieb nicht ausreichend, um es schwimmen zu lassen. Salzwasser ist schwerer; deshalb wird das Ei nach oben getrieben. Es schwimmt.

Das Wasser im Toten Meer ist so salzhaltig, dass man ohne Anstrengung darin schwimmt. Badespaß also auch für Nichtschwimmer!

2 Nun gibst du das Salz hinzu. Umrühren. Das Ei schwimmt!

Das Archimedische Prinzip

Jeder Körper, der in eine Flüssigkeit getaucht ist (Wasser etc.), wird nach oben getrieben. Dieser Auftrieb entspricht dem Gewicht des Volumens, das er verdrängt.

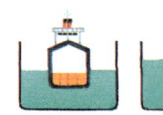 

Schiffe gehen nicht unter, weil sie leichter sind als die Wassermenge, die sie verdrängen.

Schwimmt ein U-Boot oder geht es unter?

Die andere Möglichkeit, einen Körper schwimmen oder untergehen zu lassen, besteht darin, sein Gewicht zu verändern. Bei einem U-Boot geschieht das mithilfe großer Behälter (für Ballast). Füllen sie sich mit Meerwasser, wird das U-Boot schwerer und taucht ab. Entleert man die Behälter, wird es leichter, steigt auf und schwimmt an der Oberfläche.

Heißluftballon

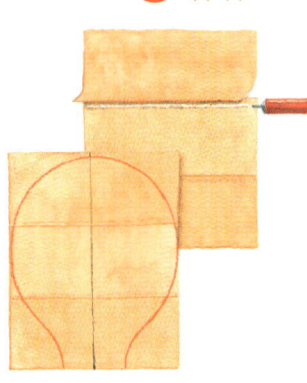

Du benötigst:
– mehrere Bogen
  Seidenpapier
– Zeitungspapier
– einen Kartonstreifen
– Klebstoff

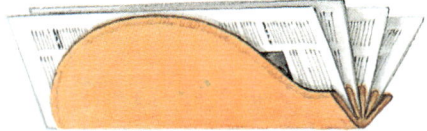

2 Jetzt faltest du die sechs Blätter in der Mitte und klebst jedes Teil an der Kante mit dem folgenden zusammen. Zwischen die Wände legst du jeweils Zeitungspapier, um die einzelnen Lamellen voneinander zu trennen.

1 Klebe das Seidenpapier so zusammen, dass ein Blatt 80 cm Seitenlänge hat. Das wiederholst du sechs Mal und legst dann die sechs Blätter aufeinander. Zeichne die Form des Ballons auf und schneide sie aus.

Das Archimedische Prinzip gilt auch für Körper in der Luft. Ein mit heißer Luft gefüllter Ballon ist leichter als das Volumen der Kaltluft, die er verdrängt. Deshalb fliegt er.

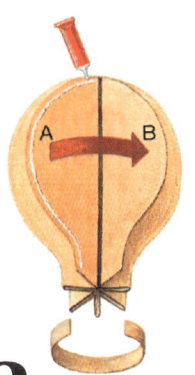

3 Klebe nun die erste Wand mit der letzten zusammen, und der Ballon ist geschlossen. Trocknen lassen.

4 Falte den Ballon auf und klebe einen Kartonstreifen um die Basis. Mit einem Föhn bläst du hinein, und der Ballon fliegt davon …

Abtauchen oder treiben wie ein U-Boot

Saugst du Luft an, strömt Wasser in die Flasche. Sie wird schwerer und sinkt. Bläst du umgekehrt Luft hinein, wird Wasser aus der Flasche herausgepresst. Sie wird leichter und treibt nach oben.

Luft

Luft

Fallschirme zum Abbremsen

Fallschirmspringer springen aus über 3000 Metern in die Tiefe und schweben einige Sekunden lang zwischen Himmel und Erde. Der Fallschirm öffnet sich und bremst sie in ihrem rasanten Fall ab.

Ein Spielzeug-fallschirm

Du benötigst:
– 8 Schnurstücke, 40 cm lang
– einen großen Müllbeutel
– Klebeband
– einen Gummi
– einen Springer aus Plastik

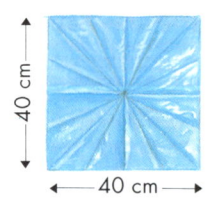

40 cm

40 cm

1 Aus dem Müllbeutel schneidest du ein Quadrat (40 × 40 cm) aus. Falte es diagonal zur Hälfte, dann nochmals viermal. Du erhältst 16 Teile.

2 Halbrund abschneiden und den Fallschirm öffnen.

3 Mit Klebeband befestigst du an jedem Knick ein Stück Schnur.

4 Die Fäden fasst du zusammen und verknotest sie.

5 Mit dem Gummi befestigst du deinen Springer am Knoten.

6 Umwickle den Fallschirm mit dem Springer und wirf ihn hoch in die Luft.

Bremsen mit zusammengepresster Luft

Beim Fall wird unter dem Schirm Luft eingefangen. Sie wird zusammengepresst und bremst dadurch die Geschwindigkeit ab.

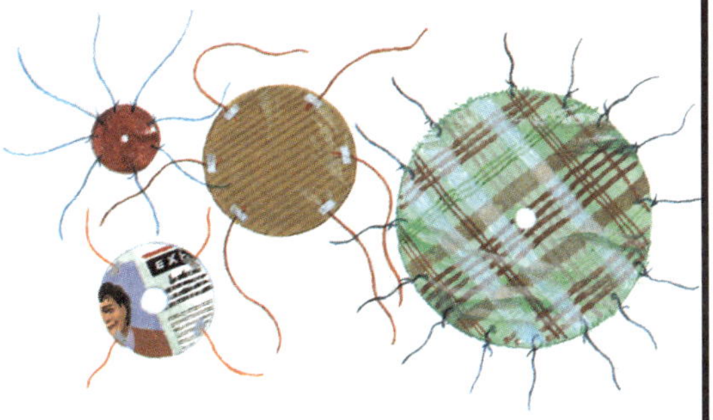

Testfallschirme

Bastle und teste unterschiedliche Fallschirme. Dabei veränderst du folgende Elemente:
- den Durchmesser der Kreisflächen
- das Material (z. B. Papier, Kunststoff, Stoff usw.)
- die Länge der Fäden

Im freien Fall

Beim Formationsspringen schließen sich mehrere Fallschirmspringer zusammen und bilden im Flug gewagte geometrische Figuren.

Wie kann man einen Sturz abfangen?

Bei den ersten Fallschirmversuchen war es noch ratsam, nur aus geringer Höhe und über Wasser zu springen. Die ersten Zeichnungen eines Fallschirms stammen von Leonardo da Vinci (1452–1519).

Springen ohne Fallschirm

Gleitschirme sind mit den Drachen verwandt und haben die Form von Vogelschwingen. Sie bestehen aus großen Halbkammern, die sich beim Anlauf öffnen und mit Luft füllen. Gleitschirme sind besser lenkbar als Fallschirme. Ausgangsbasis zum Springen sind Berghänge oder Felsspitzen.

Wird Luft zusammengepresst (komprimiert), nimmt ihr Volumen ab. Wasser hingegen verändert sich nicht unter Druck. In beiden Fällen können durch den Druck aber enorme Kräfte entstehen.

Komprimierte Luft...

... zum Abfedern von Stößen bei holperiger Straße.

... um lange unter Wasser atmen zu können.

... zum Abschießen eines Giftpfeils.

Eine Luftdruck-Rakete

 ★ ★

Du benötigst:
– eine 1,5 l-Plastikflasche
– kräftigen Karton (oder Balsaholz)
– eine Schere
– ein Ventil zum Aufblasen
  von Luftballons
– einen Flaschenkork
– einen Handbohrer
– Knetmasse
– Klebeband
– eine Fahrradpumpe

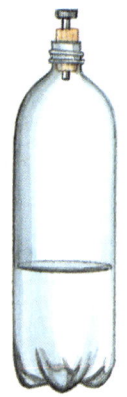

1 Bohre in den Flaschenkork ein Loch für das Ventil und dichte es mit Knetmasse ab.

2 Die Fasche füllst du mit etwas Wasser, steckst den Kork hinein und schraubst den Ansatz der Pumpe auf.

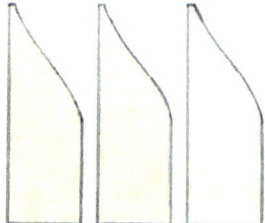

3 Zeichne drei Flügelelemente auf den Karton und schneide sie aus. An der Flasche werden sie mit Klebeband befestigt.

4 Stelle die Rakete im Freien auf – weit entfernt von Häusern und elektrischen Leitungen! – und beginne zu pumpen. Die Luft in der Flasche wird immer stärker zusammengepresst. Falls der Kork nicht gut genug abschließt, dichtest du die Öffnung mit Knetmasse ab. Ist der Druck so groß, dass der Kork herausgepresst wird, schießt die Rakete in den Himmel.

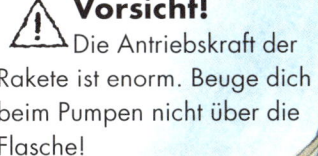

> **⚠ Vorsicht!**
> Die Antriebskraft der Rakete ist enorm. Beuge dich beim Pumpen nicht über die Flasche!

... zum wirkungsvollen Löschen.

Die hydraulische Bremsleitung

Drückt der Fahrer auf das Bremspedal im Auto, wird die Wirkung dieser Kraft mithilfe einer nicht zusammenpressbaren Flüssigkeit auf die vier Räder übertragen.

... zum Abbeizen und Reinigen.

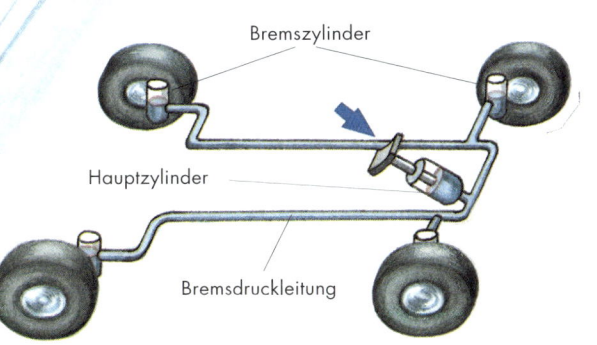

Bremszylinder

Hauptzylinder

Bremsdruckleitung

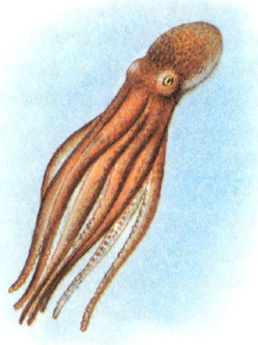

... um sich schnell fortzubewegen.

Popcorn unter Dampf

Wie werden aus Maiskörnern die leckeren weißen Flocken? Mit Dampf! Das Innere des Maiskorns ist sehr feucht, die Schale ist sehr kräftig. Erhitzt man den Mais, entwickelt das Wasser, das im Inneren der Körner nicht verdampfen kann, einen großen Druck, der die Schale zum Bersten bringt. In der Hitze werden die Körner gekocht – unter Dampf ...

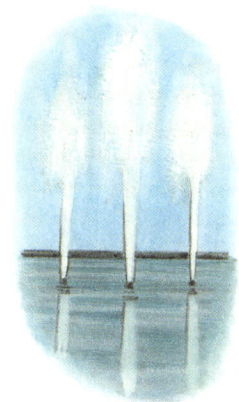

... als Zierde.

Magnetische Anziehungskraft

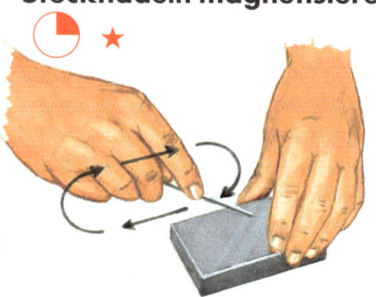

Eisenhaltige Materialien ohne Klebstoff miteinander verbinden – wie funktioniert das? Mit Magneten!

Stecknadeln magnetisieren

Du benötigst:
– Büroklammern
– einen Magnet
– Stecknadeln aus
  Eisen (nicht aus
  Stahl)

Chinesischer
Magnetwagen,
3. Jahrhundert v. Chr.

1 Reibe eine Stecknadel mehrere Minuten lang immer in derselben Richtung und ohne Rückwärtsbewegung an dem Magnet. Dadurch kann die Nadel selbst wieder andere anziehen: Sie wird magnetisiert.

2 Sobald ein Magnet mit einem Gegenstand aus Eisen (oder Nickel) in Berührung kommt, wird dieser selbst zum Magnet. So kannst du eine Magnetkette aus Stecknadeln oder Büroklammern bilden.

Magnetisiertes Metall

In Eisen oder Nickel – nicht in anderen Metallen – sind winzige Magnete enthalten, die in verschiedenste Richtungen zeigen. In der Nähe eines Dauer-Magneten ordnen sie sich in derselben Richtung an wie dieser und verwandeln dadurch das Metall in einen Magnet.

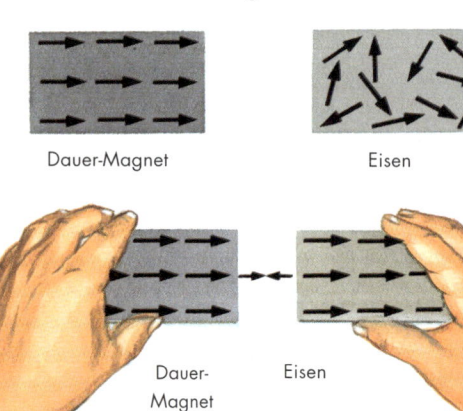

Dauer-Magnet   Eisen

Dauer-
Magnet   Eisen

Eine Kompassnadel

Du benötigst:
– einen Flaschenkork
– eine mit Wasser
  gefüllte Untertasse
– eine Stecknadel
– einen Magnet

1 Von dem Flaschenkork schneidest du eine 1 cm dicke Scheibe ab und setzt sie ins Wasser.

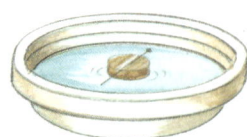

2 Dann magnetisierst du die Stecknadel und legst sie auf die Korkscheibe.

3 Die Nadel richtet sich nach der Nord-Süd-Achse der Erde aus, weil auch unsere Erde sich wie ein riesiger Magnet verhält.

Vor über 2000 Jahren, in China …

Vor mehr als 2000 Jahren entdeckten die Chinesen die Eigenschaften eines seltsamen Gesteins – des Magnetits: nämlich seine natürliche Magnetwirkung. Sie erfanden den Kompass, und der Entdecker Marco Polo (1254–1324) brachte ihn von seiner China-Reise nach Europa mit.

Anziehungskraft der Magnete

Jeder Magnet hat zwei Pole – einen Nord- und einen Südpol. Bringt man zwei Magnete zusammen, stoßen sich gleichnamige Pole ab, entgegengesetzte ziehen sich an. Auf einem Tisch kannst du mit einem Magneten einen anderen anziehen oder abstoßen – aufgrund des entstehenden Magnetfeldes.

Kraftlinienspektrum aus Feilspänen

Du benötigst:
– ein Blatt Papier
– Feilspäne (Eisenspäne)
– einen Magnet

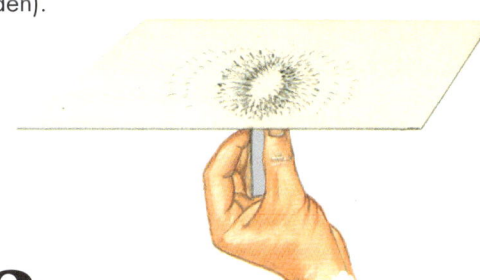

1 Bestreue das Papier mit Eisenspänen (auch kleine Bruchstücke von Eisen kannst du verwenden).

2 Nun hältst du deinen Magnet unter Papier und verschiebst ihn nach Wunsch. Es werden eigenartige Zeichnungen sichtbar: die Kraftlinien des Magnetfelds.

Magnetfelder

Selbst durch Papier, Holz, Glas oder Wasser hindurch zieht ein Magnet Eisenstücke an. Den Raum, in dem ein Magnet wirkt, bezeichnet man als Magnetfeld. Entsprechend der Entfernung, bis zu der sie wirken, kann man die Magnete auch klassifizieren.

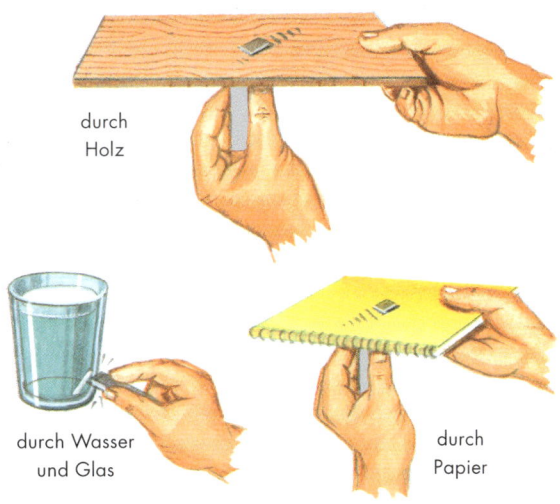

durch Holz

durch Wasser und Glas

durch Papier

Vom Strom zum Magnet

Elektrizität und Magnetismus sind zwei Eigenschaften desselben Phänomens. Am besten du überzeugst dich selbst davon – mit einem Experiment – und bastelst einen Elektromagnet.

Ein Elektromagnet

Du benötigst:
– Elektrokabel (Telefondraht)
– einen langen Zimmermannsnagel
– Stecknadeln
– eine 4,5 V-Batterie

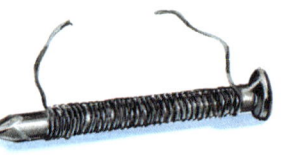

1 Wickle den Draht um den Nagel (mindestens 30-mal).

2 Dann schließt du die Drahtenden an den Klemmen der Batterie an.

3 Die Stecknadeln werden von dem Elektromagnet wie von einem normalen Magnet angezogen.

> **Vorsicht!**
> Der Draht wird heiß, wenn du ihn zu lange anschließt. Du kannst dich verbrennen, und die Batterie entleert sich!

4 Nimmst du den Draht von der Batterie, fallen die Nadeln herunter: Nur wenn Strom im Draht fließt, wird der Nagel zum Magnet.

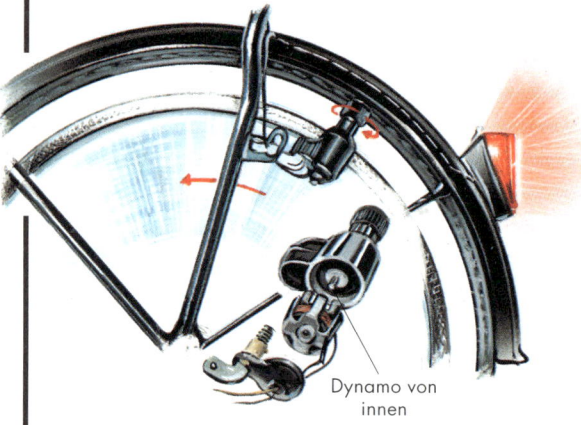

Dynamo von innen

Strom und Magnete

Mit Strom kann ein Magnet entstehen; umgekehrt kann man mit einem Magnet Strom erzeugen. Genauso funktioniert auch der Dynamo an deinem Fahrrad: Durch die Drehbewegung des Rads produziert der Magnet im Dynamo Strom. Damit werden die Fahrradlampen versorgt.

Ein elektromagnetisches Feld sichtbar machen

Du benötigst:
- Elektrokabel
- eine 6 V-Batterie
- Feilspäne (Eisenspäne)
- einen Plastikdeckel
- 2 Gläser

1 In der Mitte des Deckels bohrst du ein Loch und steckst den an der Batterie angeschlossenen Draht hindurch. Streue die Eisenspäne auf. Sie ordnen sich um den Draht herum an.

2 Bohre nun wie gezeigt mehrere Löcher, sodass du mit dem Draht eine Spirale bilden kannst.

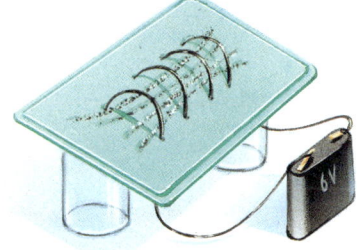

3 Schließe den Draht an der Batterie an und beobachte die Eisenteilchen. Ihre Anordnung lässt die Kraftlinien des durch Strom entstandenen Magnetfelds erkennen.

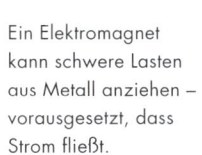

Ein Elektromagnet kann schwere Lasten aus Metall anziehen – vorausgesetzt, dass Strom fließt.

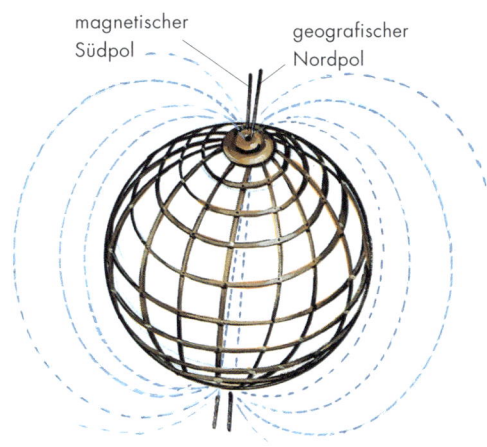

magnetischer Südpol

geografischer Nordpol

Die Erde: ein Magnet

Die Erde ist einem Magnet vergleichbar. Deshalb wird eine Kompassnadel angezogen. Und das ist der Ursprung des auf unserem Planeten bestehenden Magnetfelds.

Mit Hebeln werden Lasten leichter angehoben und Kräfte vervielfacht. Es bieten sich unzählige Verwendungsmöglichkeiten: z. B. für Waagen, Ladekrane, Ruder, Baseballschläger und vieles mehr.

Ein Katapult

 ★★

Du benötigst:
- den Boden eines Jogurtbechers
- eine Reißzwecke
- einen großen Gummiring
- 5 Nagelstifte
- 1 cm dicke Holzbrettchen
- eine Säge

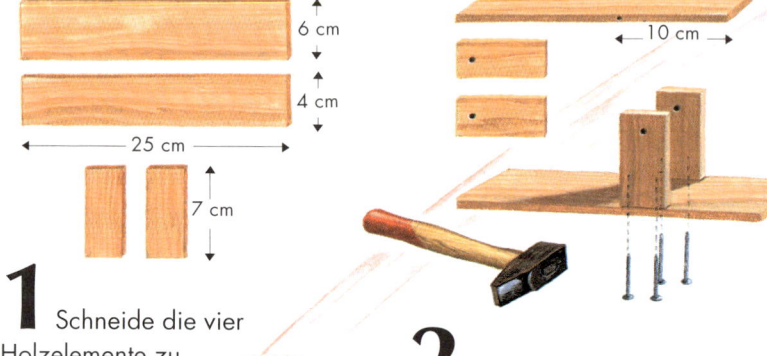

6 cm

4 cm

25 cm

7 cm

10 cm

1 Schneide die vier Holzelemente zu.

2 Dann bohrst du die Löcher und nagelst die drei Brettchen zusammen.

Reißzwecke

Boden des Jogurtbechers

Gummiring

3 So wird dein Katapult fertig gebaut.

Auf das Brett drücken und plötzlich loslassen.

4 Das Brett loslassen, und die Papierkugel wird weggeschleudert.

Ein Angler als Schattenriss

4 Briefklammern

Schneide die abgebildeten Elemente aus Karton aus und verbinde sie mit Briefklammern.

Bewegst du den Hebel, wird der Schatten des Anglers aktiv.

Drei Hebelarten

Bei jedem Hebel gibt es einen Drehpunkt (d), eine angreifende Kraft (k) und eine Last (l). Je nach Lage dieser Elemente unterscheidet man drei Hebelarten:

1 Der Drehpunkt liegt zwischen den Angriffspunkten von Last und Kraft.

2 Die Last liegt zwischen Dreh- und Kraftpunkt.

3 Die Kraft greift zwischen Last und Drehpunkt an.

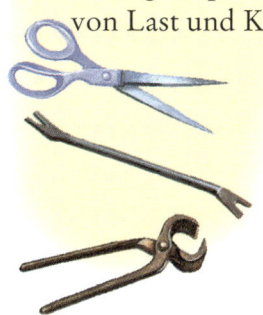

Verbundene Hebel

Der Arm eines Schaufelbaggers ist dem des Menschen nachgebildet. Seine Winden entsprechen in der Funktion den Muskeln. Zu welcher der drei Hebelarten gehören der Hebearm, der Schaufelarm und die Schaufel?
Antwort siehe S. 154.

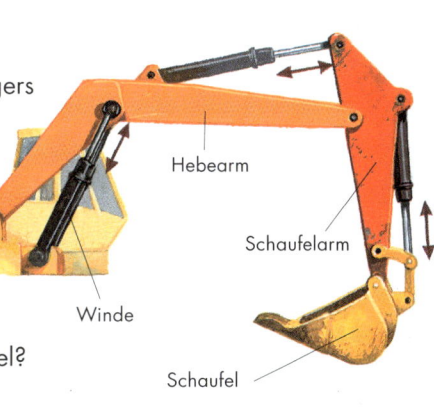

Hebearm

Schaufelarm

Winde

Schaufel

Wichig ist die Länge

Der dreimal so schwere Geldstapel wird durch dreifache Entfernung zum Drehpunkt ausbalanciert.

Die Wirkung der angreifenden Kraft ist von der Länge des Hebelarms abhängig.

Drehen, hochheben, absenken

Mit Schrauben und einem Futter können Elemente zusammengebaut und sehr fest miteinander verbunden werden. Aber das Prinzip der Schraube eröffnet vielfältigste Verwendungsmöglichkeiten. Hier ein paar Beispiele...

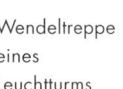

Wendeltreppe
eines
Leuchtturms

schiefe Ebene: die Seilbahn

Die Schraube – eine aufgerollte schiefe Ebene

Es ist einfacher, eine Last auf einer schiefen Ebene hochzuziehen, als sie senkrecht anzuheben. Wird diese schiefe Ebene spiralförmig „aufgerollt", nimmt sie weniger Platz ein. Das geschieht z. B. bei Einfahrten in Parkhäusern oder bei Wendeltreppen.

Befestigen, pressen

Der bewegliche Teil der Presse oder des Schraubstocks wird beim Drehen des Gewindes nach vorne geschoben.

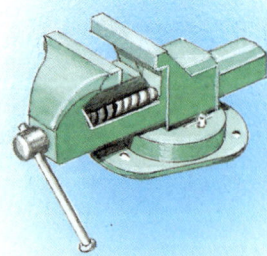

Eine Flasche entkorken

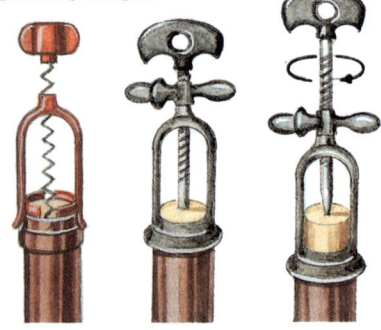

Zunächst wird die Schraube in den Kork hineingedreht. Ist sie ganz unten angelangt, kommt beim Drehen der Kork mit nach oben. Manche Korkenzieher haben zwei Schraubengewinde: Das eine wird in den Kork gedreht, das andere holt ihn nach oben.

Ein Auto anheben

Das Gewinde hebt den Wagenheber an.

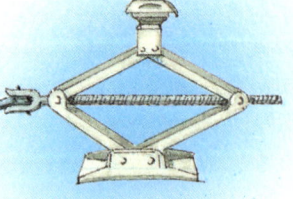

Mehr oder weniger schräg

Den Weg, den eine Schraube bei einer Umdrehung zurücklegt, nennt man Schraubengang. Je schräger das Schraubengewinde geschnitten ist, umso schneller dringt es ein.

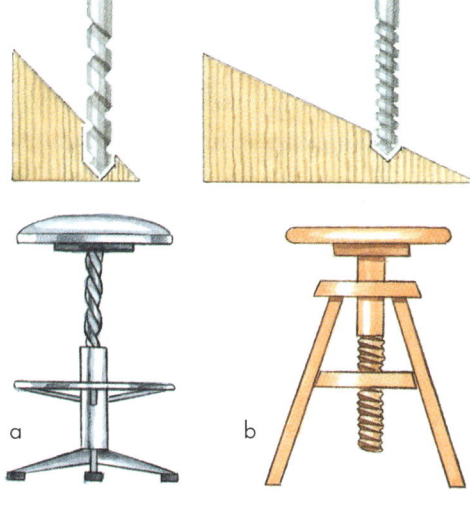

a   b

Welchen Bürostuhl kann man schneller herunterdrehen?
Die Antwort findest du auf S. 154.

Baue einen Klebestift auseinander

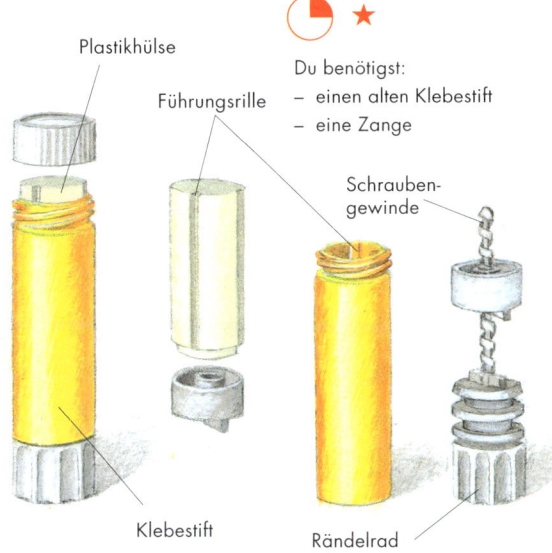

Plastikhülse

Führungsrille

Du benötigst:
– einen alten Klebestift
– eine Zange

Schrauben-
gewinde

Klebestift   Rändelrad

Mit einer kleinen Zange baust du das Gewinde und die Hülse auseinander. Die drei senkrechten Rillen in der Hülse bewirken, dass beim Drehen des Rads der Stift ohne Drehbewegung nach oben kommt.

Drehungen

Das Gewinde wird in den Kreisel gestoßen, das Futter dreht sich.

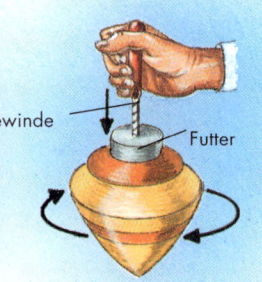

ewinde

Futter

Das Futter des Bohrers nach unten schieben, und das Gewinde dreht sich.

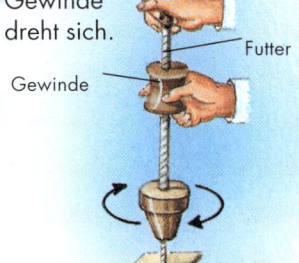

Futter

Gewinde

Wasserschraube

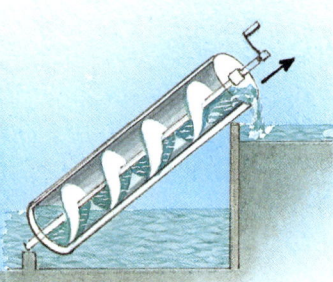

Schon um 200 v. Chr. erfand Archimedes diese Schraube. Sie wird dazu genutzt, um Wasser in höher gelegene Schleusen zu pumpen, Sand oder Getreide zu befördern oder das bei Tunnelarbeiten anfallende Material zu entfernen.

Sich in die Luft schrauben

1483 hat Leonardo da Vinci diese Schraube entworfen – ein Vorläufer des Hubschraubers. Auch Flugzeugpropeller sind Schrauben; Schiffe haben Schiffsschrauben.

Späne hochbefördern

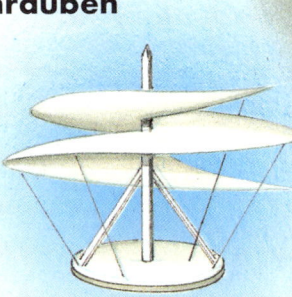

Aus dem mit Bohrer oder Bohreisen entstandenen Loch werden die Holz-, Metall- oder Bohrabfälle von Stein „herausgeschraubt".

Hin und her, auf und ab

Die Nockenwelle ist der gebräuchlichste Mechanismus, um eine Drehbewegung in lineare Bewegung umzuwandeln. Automotoren, die Nähmaschinen unserer Urgroßmütter und verschiedenstes Spielzeug funktionieren nach diesem Prinzip.

Entenflügel

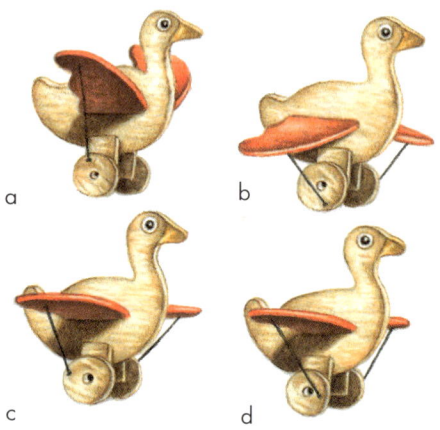

a

b

c

d

Bringe den Bewegungablauf wieder in die richtige Reihenfolge.
Die Antwort findest du auf S. 154.

Die Nockenwelle im Automotor

Bei Ottomotoren erzeugt die Zündkerze im Kontakt mit dem Luft-Benzin-Gemisch eine Explosion. Dadurch wird der Kolben nach unten gestoßen; dieser setzt die Kurbelstange und damit auch die Nocken in Bewegung. In der Regel hat ein Motor vier Kolben (in je einem Zylinder). Diese betätigen vier Nocken auf einer Kurbelwelle, sodass diese sich dreht.

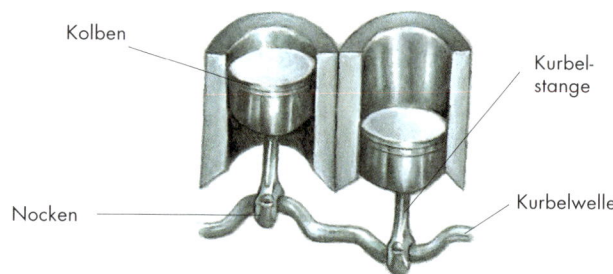

Kolben

Kurbel-stange

Nocken

Kurbelwelle

Dasselbe System wird auch für die Pumpen zur Erdöl-förderung verwendet.

Hallo! Da bin ich wieder!

🔴 ⭐⭐

Du benötigst:
– Karton
– einen Hefter
– 3 Briefklammern
– einen Zirkel
– eine Schere

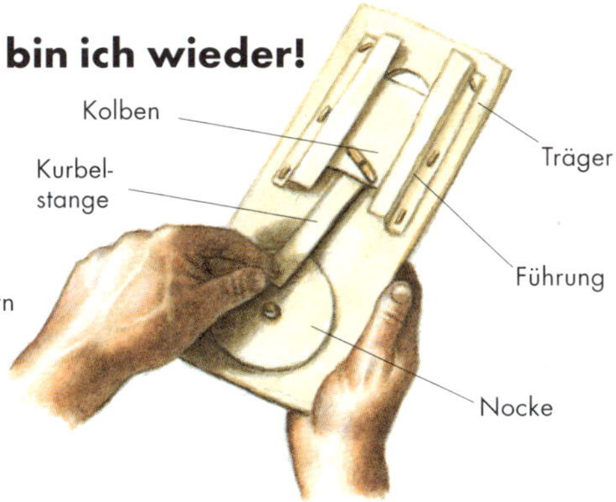

Kolben

Kurbel-stange

Träger

Führung

Nocke

1 Zeichne die Elemente des Mecha-nismus auf den Karton und schneide sie aus. Die Löcher bohrst du mit der Zirkelspitze.

Nocke
(Durchmesser 8 cm)

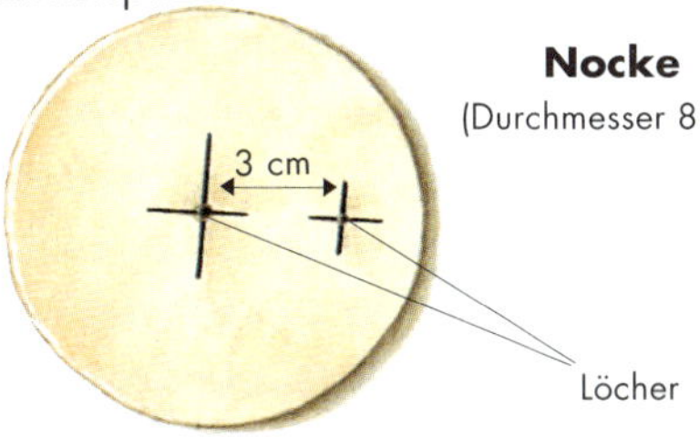

3 cm

Löcher

Träger
(11 × 25 cm)

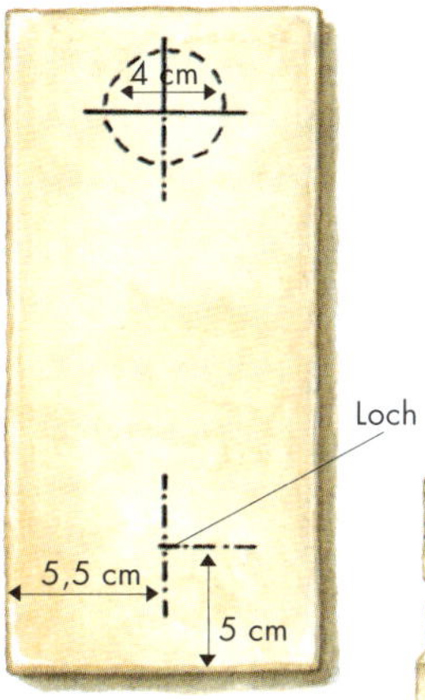

4 cm

5,5 cm

5 cm

Loch

knicken

Kolben (7 × 7 cm)

1 cm   1 cm

Loch

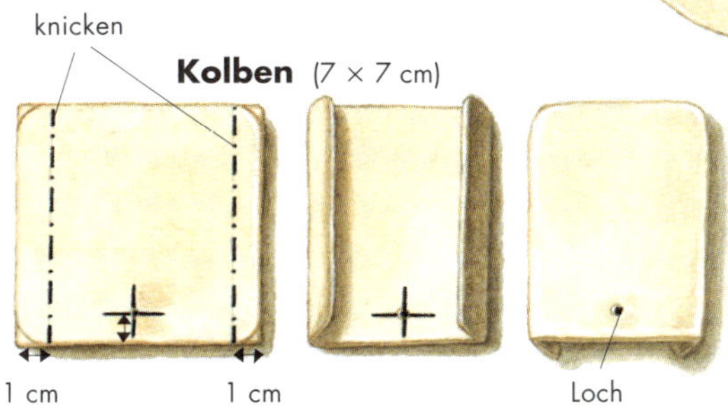

Zuerst knicken, dann die Ecken halb rund abschneiden. Damit die Knicke sauberer und einfacher anzulegen sind, ziehst du die Linien mit der Zirkelspitze nach.

2 Führungen (3 × 12 cm)

knicken

Kurbelstange (3 × 12 cm)

Löcher

1 cm

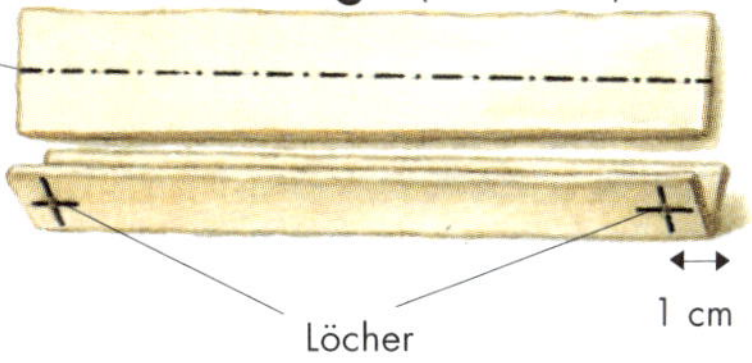

2 Jetzt setzt du Nocke, Kurbelstange und Kolben zusam-men; wichtig ist die richtige Ausrichtung der Briefklammern.

3 Nun wird die Welle auf dem Träger befestigt.

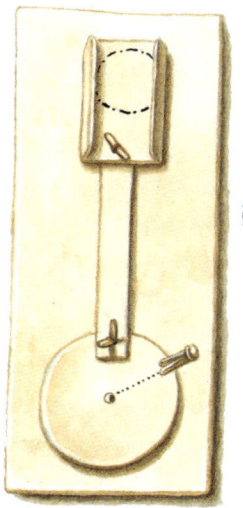

4 Befestige eine Führung mit Heft-klammern. Nachdem du den Mechanismus ausprobiert hast, wird die andere angeheftet.

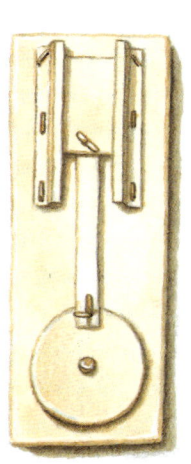

5 Drehe den Träger um und zeich-ne ein Kaninchen auf den Kolben. Darunter malst du den Zaube-rer mit Zylinder.

Wenn die Räder Zähne haben...

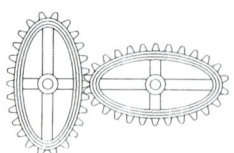

Zahn neben Zahn: Das ist das Prinzip aller Zahnräder. Für ein Getriebe sind zwei Zahnräder notwendig, deren Zähne jeweils ineinander greifen.

Ein Wagen mit Karussell

Du benötigst:
- einen Styroporblock (4 × 12 × 10 cm)
- 24 Nadeln mit flachem Kopf (∅ 2 mm, 25 mm lang)
- eine Styroporscheibe (∅ 10,8 cm)
- 2 dünne Kartonscheiben (∅ 10,8 cm)
- eine Styroporscheibe (∅ 5,4 cm)

- 2 dünne Kartonscheiben (∅ 5,4 cm)
- 2 in der Mitte durchbohrte Deckel von Käseschachteln
- 24 ovale Perlen mit Loch (∅ 3 mm)
- 3 Nadeln (∅ 3 mm, 40 mm lang)
- Klebstofftube
- Bastelpapier
- einige Figuren

1 Unterteile eine große Kartonscheibe in 16, eine kleine in 8 Teile. Dann klebst du die Styroporkreise zwischen die beiden großen und kleinen Kartonscheiben. So erhältst du zwei Räder.

Energie vergrößern

Wenn die Kette hinten über das kleine Zahnrad läuft, ist das Treten der Pedale anstrengender; aber die zurückgelegte Strecke ist groß.

Um einen Hang hinaufzufahren, legt man die Kette hinten auf das größte Zahnrad. Bei der gleichen Anzahl von Pedalumdrehungen dreht sich nun das Rad langsamer, aber der Kraftaufwand ist geringer.

Vier Arten von Getrieben

Zahneisen

gerade Verzahnung

konische Verzahnung

Schneckengewinde

Zwei Zahnräder bilden ein Getriebe. Je nach Verwendungszweck sind die Verzahnungen gerade oder laufen kegelförmig (konisch) zu. Manchmal hat eines der Räder auch nur einen Zahn, wie bei einem Schneckengewinde oder einem Zahneisen. Das Lenkrad eines Autos steuert die Räder über ein Zahneisen.

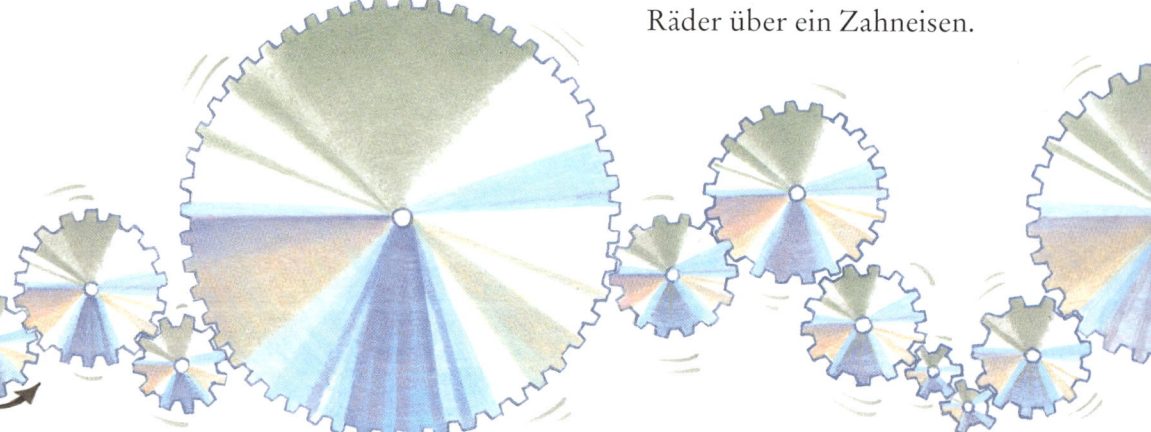

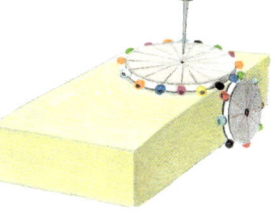

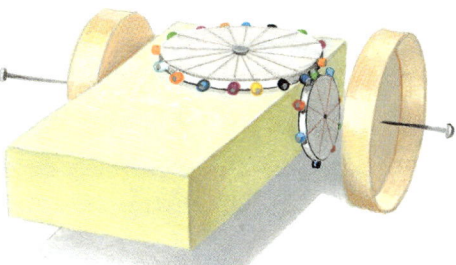

2 In den Rand des Styropors steckst du mit Nadeln die Perlen, und zwar dort, wo die aufgezeichneten Strahlen enden.

3 Eine weitere Nadel steckst du durch die Mitte der Zahnräder und befestigst beide auf dem Styroporblock. Sie müssen sich frei drehen und ineinander verzahnen.

4 Nimm das kleine Rad nochmals ab und klebe es auf den Deckel einer Käseschachtel. Dann befestigst du die beiden Wagenräder.

Zahnräder zum Rechnen

Die von Blaise Pascal (1623–1662) entwickelte Rechenmaschine besteht nur aus Zahnrädern. Jede Umdrehung des kleinen Zahnrads wird mithilfe des Zahns gezählt, der das große Rad bewegt.

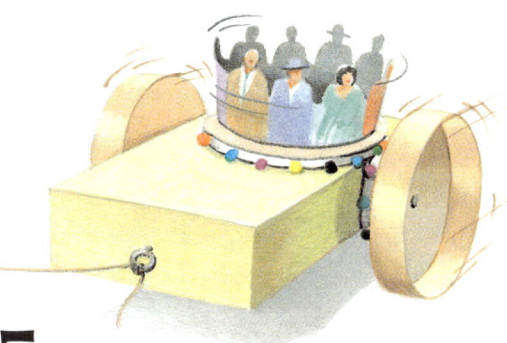

5 Aus Bastelpapier die Umrisse der Personen ausschneiden und aufkleben. Den Wagen ziehen, und das Karussell dreht sich!

Die Besen eines Quirls drehen sich in entgegengesetzter Richtung.

Durch die Drehgeschwindigkeit wird bei der Salatschleuder das Wasser herausgedrückt.

Von der Kurbel zum Bohrer der Bohrmaschine: Mit Zahnrädern wird die Richtung der Bewegung geändert.

> **Noch ein Tipp ...**
> Damit sich die Räder bestmöglich ineinander verzahnen, müssen die Unterteilungen sehr genau aufgezeichnet sein.

In welche Richtung dreht sich das letzte Rad?

Antwort siehe S. 154

Aus dem Rad wird eine Rolle

Mit Hilfe von Rollen können schwere Gegenstände leichter hochgehoben werden. Sind die Rollen durch Riemen verbunden, können Bewegungen von einer Stelle zur anderen übertragen werden.

Baue dir eine Maschine zum Malen

Du benötigst:
- eine große Käseschachtel aus Karton
- einen Flaschenkork
- 2 Plastikdeckel (Ø 7 bis 10 cm)
- einen großen Gummiring
- ein Brett (etwa 20 × 30 cm)
- 2 Nagelstifte, 5 cm lang
- einen Nagelstift, 3 cm lang
- 2 Polsternägel oder 2 lange Reißzwecken
- Klebeband
- einen Bohrer (Nr. 4)
- runde Papierscheiben
- Wasserfarben

1 Mit dem Bohrer bohrst du ein Loch durch den Flaschenkork und kerbst ihn ringsum in der Mitte ein.

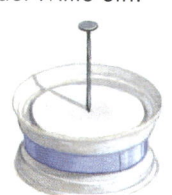

2 Dann schlägst du einen langen Nagelstift in das Brett. Auf ihm soll sich der Kork frei drehen.

Rolle

3 Die beiden Deckel klebst du mit Klebeband zusammen. Das ist die Rolle.

4 Durch die Mitte der Rolle schlägst du den kleinen Stift, den du vorher leicht erhitzt.

5 Befestige die Rolle auf dem Brett und stecke den zweiten langen Nagel hinein. Er dient als Griff.

Wie hängen die Rollen zusammen?

Durch die Riemen wird die Bewegung übertragen. Haben beide Rollen denselben Durchmesser, drehen sie sich mit derselben Geschwindigkeit. Ist aber eine Rolle z.B. viermal so groß, dreht sich die kleine viermal so schnell: Bei jeder Umdrehung der großen dreht sie sich viermal um sich selbst!

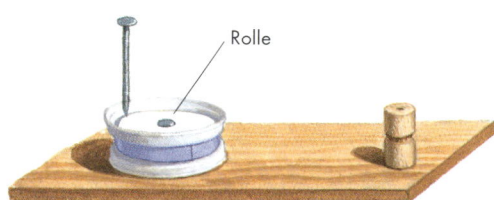

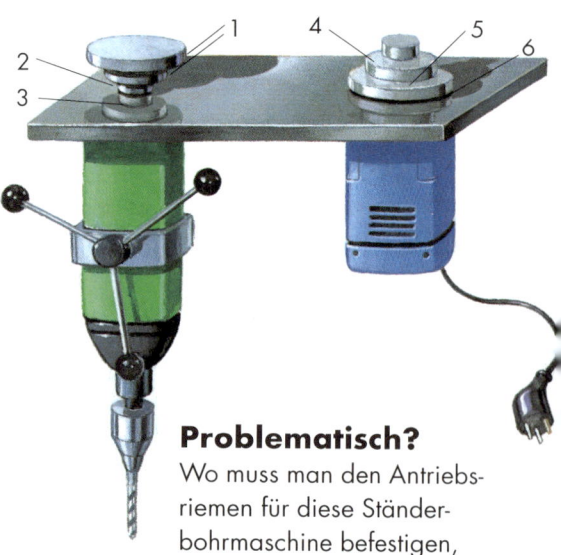

Problematisch?

Wo muss man den Antriebsriemen für diese Ständerbohrmaschine befestigen, damit sie mit geringster Geschwindigkeit läuft?

Die Antwort findest auf S. 154.

Die kleine Rolle dreht sich schneller als die große.

Beide Rollen drehen sich mit gleicher Geschwindigkeit.

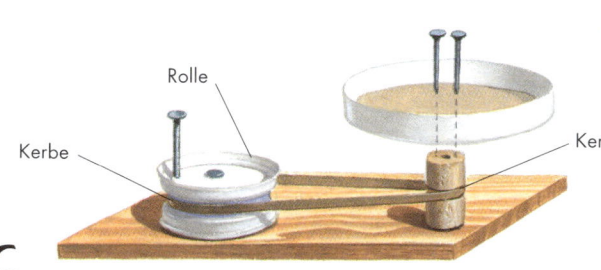

Rolle

Kerbe

Kerbe

6 Ziehe den Gummi über die Kerbe bei Rolle und Flaschenkork. Dann befestigst du die Käseschachtel mit den Polsternägeln auf dem Kork.

7 Die Mitte des Deckels schneidest du rund aus.

8 Lege eine Papierscheibe in die Schachtel und lass verdünnte Farbe hineintropfen. Mit unterschiedlichen Farben und Drehgeschwindigkeiten entstehen immer wieder andere, überraschende Bilder!

> 💡 **Noch ein Tipp ...**
> Die Farbe sollte nicht zu flüssig sein.

Mehrere Rollen, ein Seil

Ein Flaschenzug aus einem Seil mit mehreren Rollen verringert den erforderlichen Kraftaufwand beim Ziehen enorm. Die Wegstrecke wird allerdings länger.

Auch allein gegen alle ist es leicht, die beiden Besenstiele zusammenzuziehen. Weil du nämlich im Prinzip diese Anordnung von Rollen verwendest:

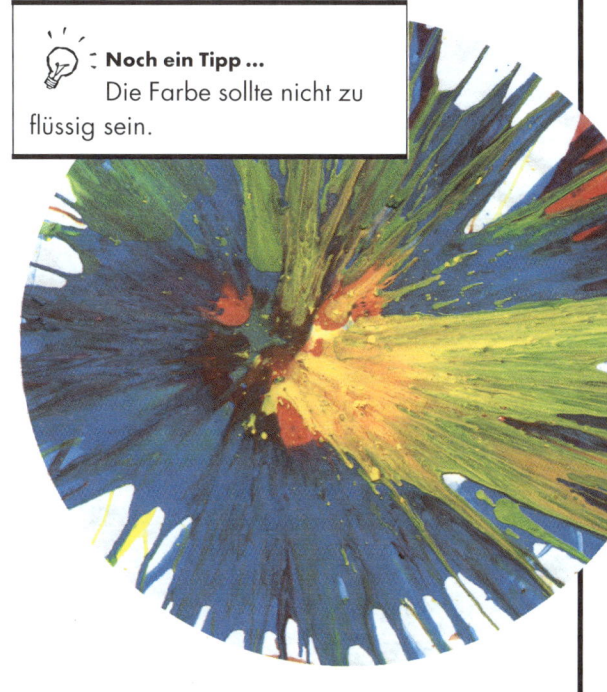

In Steinbrüchen zog man früher die Blöcke mit solchen Winden hoch. Ein anderes Mittel, um Lasten gering zu halten.

Automaten ahmen den Menschen nach. Sie führen unablässig dieselben Tätigkeiten aus, und Roboter scheinen sogar zu überlegen, bevor
sie etwas tun. Sie sind dazu da, dem Menschen Arbeiten zu erleich-
tern.

Programmierte Beleuchtung

Du benötigst:
- ein Brett (6 × 20 cm)
- Lüsterklemmen
- dünnes Aluminiumblech als Boden
- 3 LEDs (rot, grün und gelb)
- 3 Widerstände von 330 Ohm (orange, orange, braun)
- 2 Elektrokabel, 20 cm lang
- eine 4,5 V-Batterie
- 2 Büroklammern
- 2 Schrauben
- Klebeband
- ein Styroporstück
- einen dünnen Kartonstreifen (3 cm breit)
- einen Locher

Der *schreibende Pierrot* ist ein Automat aus dem 19. Jahrhundert. Er schläft, wacht wieder auf, nimmt seine Feder – dank eines uhrwerkgetriebenen Mechanismus'.

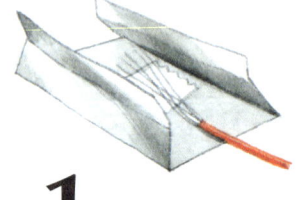

1 Mit Klebeband befestigst du ein Elektrokabel am Boden des Blechs und knickst dieses in drei Teile.

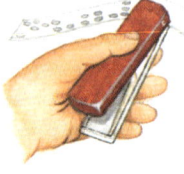

2 Den Kartonstreifen lochst du in drei Reihen und „schreibst" so das Programm.

Schrauben

Brett

3 Dann befestigst du die Lüsterklemmen mit drei Styroporstücken auf dem Brett.

Widerstand

LED

4 Biege den längeren Anschluss der LEDs auf. Dann wird alles installiert.

5 Die Kabel werden an der Batterie angeschlossen. Ziehst du am Kartonstreifen, leuchten die LEDs abwechselnd auf.

Die Ente von Jacques Vaucanson (1709–1782) …

… fraß und verdaute Körner. Von einem Zahnrad wurden sie zermahlen und dann in einem chemischen Prozess in eine Masse umgewandelt, die nach Durchlaufen eines langen Schlauchs – des Darms – ausgeschieden wurde.

Vom Wäscheklopfer zur Waschmaschine

  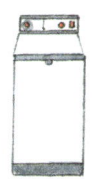

1890	1920	1995

Früher mussten die verschiedenen Arbeitsgänge beim Waschen alle von Hand ausgeführt werden. Die heutigen „Waschroboter" waschen, spülen und schleudern.

Programme

Komplizierte Aktionen können in einem Programm in eine Folge einfacher Tätigkeiten zerlegt werden. Im 19. Jahrhundert wurden Programme auf gelochten Papierstreifen angelegt. Um z. B. den Satz einer Drehorgel oder das Stoffmotiv bei einem Webstuhl zu verändern, brauchte man nur den Lochstreifen auszuwechseln. Heute werden Programme auf magnetische Träger geschrieben – eine Revolution im Bereich der Informatik.

Industrieroboter

Das tschechische Wort „robot" bedeutet „Arbeit". Gesteuert von leistungsstarken Computersystemen werden Roboter z. B. in der Automobilindustrie am Fließband eingesetzt. Sie schweißen, lackieren und bauen Autos zusammen.

Wabot, der Musiker, liest mit seiner Kamera die Orgelpartitur, die er mit Füßen und Händen spielt. Er blättert sogar die Seiten um!
In einem Computerprogramm sind alle für die Musik und ihren Rhythmus notwendigen Tätigkeiten vorgesehen.

Bewegte Bilder

1895 war das Geburtsjahr des Kinofilms – dank der Brüder Lumière. Das Zeitalter des Praxinoskops, der „Schnellseher" und anderer komplizierter Erfindungen war vorbei…

Ein „Schnellseher"

Du benötigst:
– 2 gleich große Böden von Käseschachteln
– 8 × 40 cm dünnen karierten Karton (5 × 5 mm)
– einen Tacker
– einen Handbohrer mit Einsatz (∅ 4 mm)
– eine Stricknadel (Nr. 3½)
– einen Streifen Schreibmaschinenpapier (3 × 35 cm)
– eine kleine Plastikflasche

1 Bohre durch den Boden einer Käseschachtel, durch den Verschluss und den Boden der Flasche ein Loch.

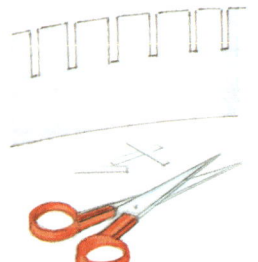

2 In den Kartonstreifen schneidest du im Abstand von 2,5 cm jeweils einen 2 bis 3 mm breiten und 3 cm langen Spalt ein.

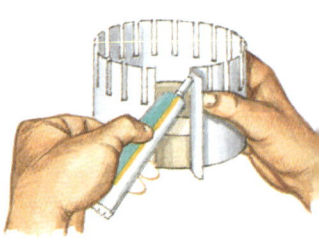

3 Dann klebst du den Kartonstreifen um die Käseschachtel.

Eine Filmvorführung

Die Filmprojektion ist das Ergebnis zahlreicher technischer Neuerungen, wie der Entwicklung künstlicher Lichtquellen oder des weichen Zelluloidfilms, den man spulen kann. Auguste und Louis Lumière entwickelten einen Mechanismus, der den Film aufrollt. Das Wiedergabegerät projiziert 16 Bilder pro Sekunde und vergrößert sie auf einer Leinwand.

Ein „Bildgewehr"

Wissenschaftler hielten den Vogelflug oder den Galopp eines Pferdes mit solchen „Fotogewehren" fest. Sie sind der Vorläufer der Filmkamera. Seit 1906 gibt es Farbfilme, 1927 beginnt die Tonfilmzeit.

Ankunft in La Ciotat ist einer der frühesten Filme. Bei der Vorführung gerieten einige Zuschauer in Panik, als sie den Zug auf sich zurasen sahen!

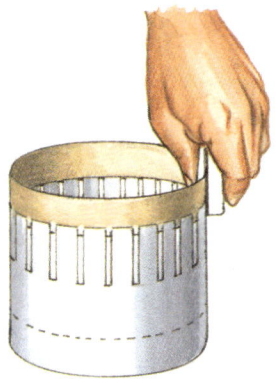 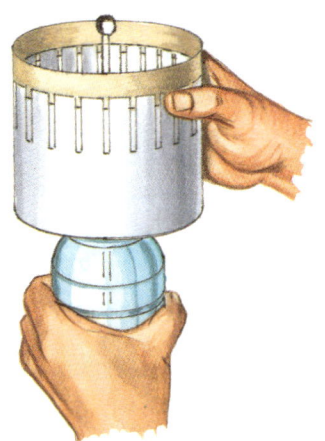 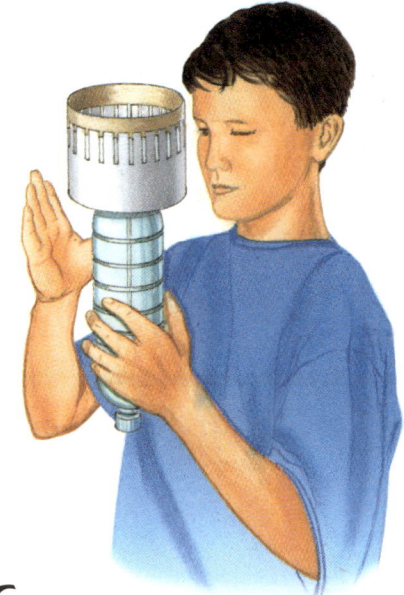

4 Entferne den Boden der zweiten Käseschachtel und tackere den Ring am Karton fest, damit die eingeschnittenen Laschen stehen bleiben.

5 Auf den Papierstreifen zeichnest du den unten abgebildeten Vogelflug auf. Dann baust du den „Schnellseher" zusammen.

6 Befestige das Band mit den Bildern und drehe die Trommel. Wenn du nun durch einen Spalt blickst, bewegen sich die Bilder!

Zur Tradition der Bildwiedergabe

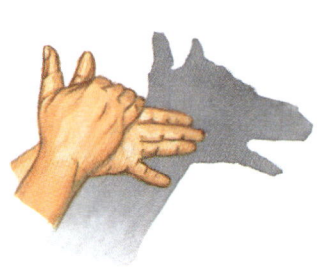   

Schattenspiele mit den Händen oder mit Marionetten sind die ersten bewegten Vorführungen zur Unterhaltung.

Die Laterna magica projiziert starre Bilder auf eine Leinwand.

Die Figuren drehen sich, und auf den Spiegeln in der Mitte des Praxinoskops erkennt man die Bewegung.

Wird die Scheibe gedreht, scheinen sich die Zeichnungen beim Blick durch einen Spalt zu bewegen.

Luftkissen

Luftkissenboote zu Wasser oder zu Land werden von Propellern angetrieben. Mit dem von einem leistungsstarken Ventilator hergestellten Luftkissen fahren sie über Wasser, Schnee oder Sand, ohne den Untergrund zu berühren.

Ein Luftkissenboot bauen

Du benötigst:
- einen Spielzeug-Elektromotor
- 30 cm Elektrokabel
- eine 4,5 V-Batterie
- 2 Büroklammern
- 4 Nagelstifte (3 cm lang)
- eine Schale aus Styropor
- Styropor von Verpackungen (2 cm dick)
- eine glatte Plastikflasche
- kräftiges Klebeband
- ein Messer mit Schneide-zähnen
- Schleifpapier
- einen Flaschenkork

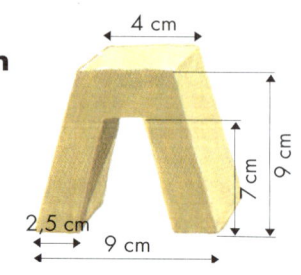

1 Zuerst zeichnest du den Ständer für den Motor auf Styropor und schneidest ihn mit dem Messer aus.

2 Wickle Schleifpapier um den Flaschenkork und höhle so die Mulde für den Motor aus.

3 Lege den Draht am Kabel frei und schließe den Motor an. Dann befestigst du ihn mit Klebeband auf dem Ständer.

4 Im hinteren Teil der Schale befestigst du nun den Motor mit Ständer.

Eine Luft-kissen-Fahrt

Das Luftkissen reduziert die Reibung des Boots mit der Oberfläche, auf der es sich fortbewegt. Weil dieser Widerstand entfällt, fährt es schneller als ein normales Boot. Durch den Gummi-überzug kann es sich im Wasser oder auf Sand bewegen: Es ist ein Amphibienfahrzeug.

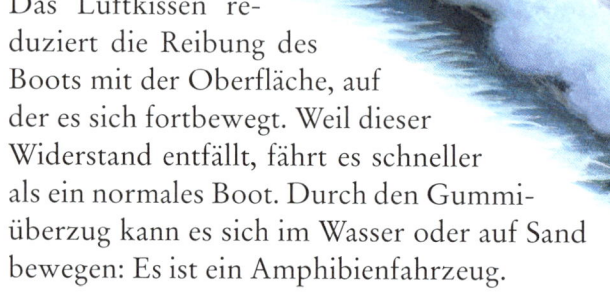

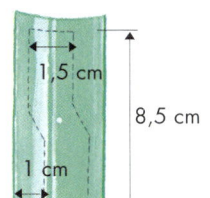

5 Schneide aus der Flasche einen Propeller aus. In die Mitte bohrst du mit der Zirkelspitze ein Loch.

6 Drücke den Propeller mit viel Kraft auf die Motorachse. Nun schließt du den Motor an der Batterie an.

Vorsicht, der Propeller dreht sich sehr schnell!

Auch manche Rasenmäher oder Staubsauger werden von einem Luftkissen fortbewegt. Hier übernehmen Lamellen oder ein Gebläse die Rolle des Ventilators.

7 Je nachdem wie der Motor angeschlossen ist, fährt das Boot vorwärts oder rückwärts. Damit es gerade fährt, muss der Motor in der Mittelachse des Boots sitzen.

Wettfahrt mit Lufkissenbooten

Du benötigst:
– 2 Hamburger Verpackungen
– 2 Plastikbecher
– einen Filzstift und eine Schere

2 Dann schneidest du den Kreis aus und steckst den Becher hinein.

1 Schneide den Boden des Bechers ab und zeichne seinen Umriss in der Mitte der Schale an.

3 Bläst du nun mehrmals stark in den Becher, entsteht ein Luftkissen. Das Rennen kann beginnen – am besten auf einem glatten Fliesenboden.

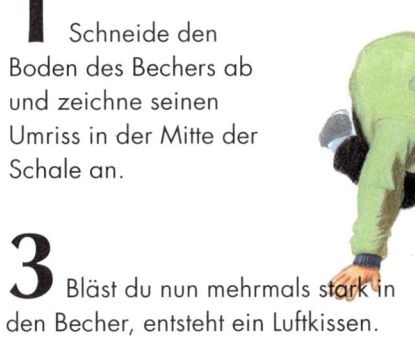

Fortbewegung durch Rückstoß

Düsenflugzeuge und Raketen fliegen aufgrund des Prinzips von Aktion und Reaktion. Auch kleine Motorboote funktionieren so. Hier findest du Modelle von Fortbewegungsmitteln mit Rückstoßantrieb im Wasser und in der Luft.

Ein Soda-Boot

Du benötigst:
- ein bootsförmiges Stück Holz
- Klebeband
- ein leeres Aspirinröhrchen
- ein Trinkhalmstück (2 cm lang)
- Essig
- doppeltkohlensaures Natron (Soda)
- ein Papiertaschentuch
- ein spitzes Messer

1 Mit dem Messer bohrst du ein Loch durch den Verschluss und steckst das Trinkhalmstück hindurch. Das Loch um den Halm dichtest du mit Klebstoff ab.

2 Gib einen kleinen Löffel Essig in das Röhrchen.

3 Nun füllst du drei oder vier Messerspitzen doppeltkohlensaures Natron in das Taschentuch und steckst es in das Röhrchen.

4 Schnell befestigst du jetzt mit Klebeband das verschlossene Röhrchen auf deinem Boot. Hinten entweicht Gas aus dem Röhrchen (Aktion), und das Boot fährt los (Reaktion).

Ein Düsenflugzeug

Du benötigst:
- einen kleinen Luftballon
- einen Trinkhalm
- eine Briefspange
- Klebeband
- 3 oder 4 m Schnur

1 Den aufgeblasenen Ballon schließt du mit der Briefspange.

2 Befestige den Trinkhalm mit Klebeband auf dem Ballon.

3 Die Schnur ziehst du durch den Halm am Ballon und spannst sie dann zwischen zwei Stühlen.

4 Öffne die Spange. Die Luft entweicht (Aktion), und der Ballon schießt entlang der Schnur nach vorn (Reaktion).

Von der Aktion zur Reaktion

Ein auf Reaktion basierendes Fahrzeug wird durch den Rückstoß von Materie angetrieben. Bei einem Flugzeug kommt es entweder durch die Propeller – sie treiben Luft nach hinten – oder durch die Düsen, die heiße Gase ausstoßen, zur Aktion. Folge – Reaktion – ist die Vorwärtsbewegung.

Ein Raumsessel bewegt sich durch den Ausstoß komprimierter Luft fort.

Ein Bootsrennen

Schneide aus Karton zwei Boote aus und kerbe sie wie gezeigt in der Mitte ein. In den schmalen Kanal des einen Boots füllst du einen Tropfen Öl, in den des anderen einen Tropfen Spülmittel. Beide Flüssigkeiten werden nach hinten ausfließen (Aktion) und dadurch das Boot nach vorne stoßen (Reaktion).
Welches Boot wird das Rennen gewinnen?

In China wurden zum ersten Mal Leuchtraketen für Feuerwerke verwendet.

Auch ein Wasserscooter fährt durch Reaktion.

Bewege dich – durch Reaktion!

Ziehe Rollschuhe oder Schlittschuhe an und nimm verschiedene schwere Gegenstände in den Arm (Steine, Boccia-Kugeln, etc.). Dann gehst du in die Hocke und wirfst die Gegenstände kräftig nach vorn. Das ist die Aktion. Und als Reaktion rollst oder fährst du zurück.

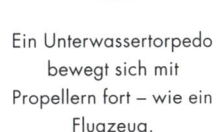

Ein Unterwassertorpedo bewegt sich mit Propellern fort – wie ein Flugzeug.

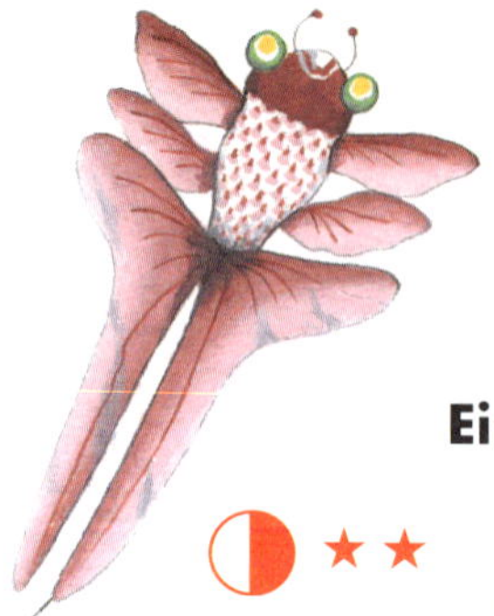

Ein Flugzeug bewegt sich in der Luft fort, ein Drachen dagegen bleibt im Wind fast unbeweglich. Seine gekrümmte Bespannung stellt sich den bewegten Luftmassen entgegen.

Einen Drachen bauen

Du benötigst:
– ein Blatt Schreib-
  maschinenpapier
– Zeitungspapier
– Nähfaden
– Klebeband

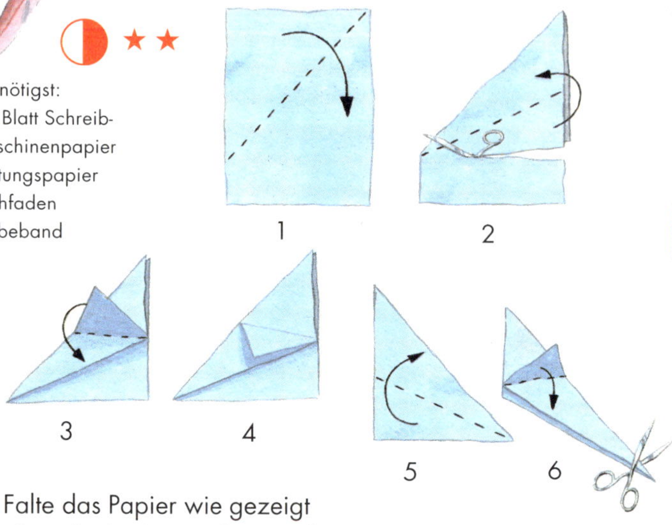

1

2

Lenk-
schnur

Befesti-
gung

3

4

5

6

2 Dann klebst du zwei 1 cm breite Zeitungspapierstreifen auf. Daran befestigst du einen 50 cm langen Faden. In dessen Mitte verknotest du die Lenkschnur.

1 Falte das Papier wie gezeigt und schneide die Spitze des Drachens leicht ab.

Die ersten Flugobjekte

Drachen wurden vor mehr als 2000 Jahren in China erfunden, und bis heute werden sie dort bei religiösen Festen verwendet. Schon bald entdeckte man für sie die verschiedensten Verwendungszwecke: als Spielzeuge, zur militärischen Überwachung, für wissenschaftliche und technische Untersuchungen. Im 18. Jahrhundert z. B. begann man mit Drachen Temperaturveränderungen in unterschiedlicher Höhe zu messen. Den Drachen ist es zu verdanken, dass Benjamin Franklin (1706–1790) den Blitzableiter erfand. Und auch die ersten Flugmaschinen sowie in neuerer Zeit die Paraglider sind von ihnen inspiriert.

Ein Windstoß

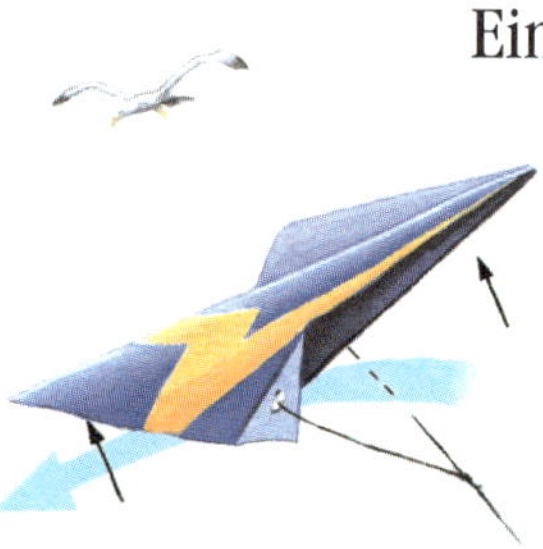

Damit der Drachen hochsteigt, muss er schräg stehen. So wird der Wind unter der Bespannung zusammengepresst und nach unten abgelenkt. Dadurch steigt der Drachen nach oben.

Um den Drachen steigen zu lassen, musst du dich frontal in den Wind stellen. Dreht er sich im Kreis, verlängerst du die Schnur, steigt der Drachen nur schwer hoch, verkürzt du sie.

Ein Sechseck als Drachen

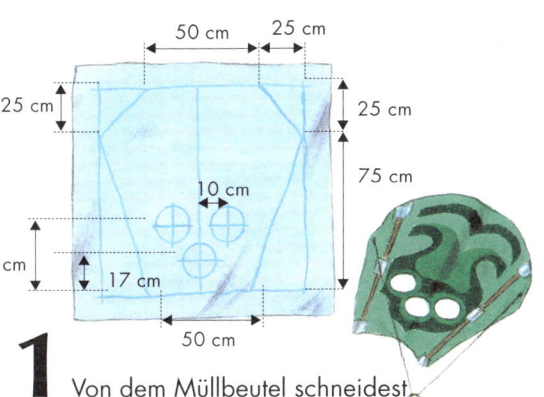

Du benötigst:
– ein rundes Gefäß (∅ 16 bis 18 cm)
– einen 50 l-Müllbeutel
– 2 Rundstäbe aus Holz (∅ 5 mm, 90 cm lang)
– einen kleinen Vorhangring
– kräftiges Klebeband
– Schnur
– 50 m Anglerschnur
– einen Kugelschreiber

Rundstab

4 Die beiden Rundstäbe und die Befestigungsschnur klebst du mit Klebeband fest.

1 Von dem Müllbeutel schneidest du den Boden und eine Seite ab. Dann zeichnest du den Umriss des Drachens und die Mitte der drei Kreise auf.

3 Den Vorhangring verknotest du in der Mitte einer 80 cm langen Schnur (Befestigung).

2 Mit dem runden Gefäß zeichnest du die Kreise an und schneidest dann alle Formen aus.

Achtung! Gefährlich!

Am Strand ist es ideal, einen Drachen steigen zu lassen. Einerseits gibt es hier viel Wind, zum anderen aber keine elektrischen Oberleitungen. Lass deinen Drachen niemals in der Nähe elektrischer Leitungen steigen: Ein Stromstoß kann dich töten!

Ein Wasserskifahrer hält sich auf dem Wasser nach demselben Prinzip aufrecht wie der Drachen in der Luft: Beide werden von einem Seil gezogen.

Die Tragkraft der Luft

Dank der gewölbten Form ihrer Flügel oder Tragwerke können sich Vögel, Flugzeuge oder Bumerange in der Luft halten. Sie werden durch die Bewegung nach oben getragen.

Ein plastischer Segelflieger

 ★ ★

Du benötigst:
– ein Blatt Schreib-
  maschinenpapier
– 2 Trinkhalme
– Klebeband
– eine Büroklammer

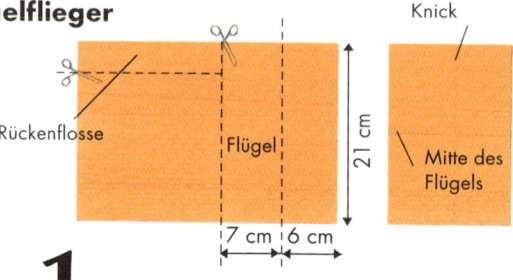

Knick

Rückenflosse

Flügel

21 cm

Mitte des Flügels

7 cm   6 cm

1 Zeichne Flügel und Rückenflosse auf und schneide sie aus. Dann faltest du den Flügel entlang der Linie.

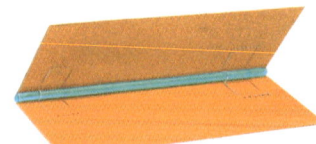

2 An der Innenkante befestigst du einen Trinkhalm mit Klebeband.

Was für ein Wind!

Mit einem Trinkhalm bläst du zwischen zwei auf zwei Lineale gelegte Tischtennisbälle…

Blase über ein Stück Papier, das du mit den Händen hältst…

Blase über die Form dieses Flügels…

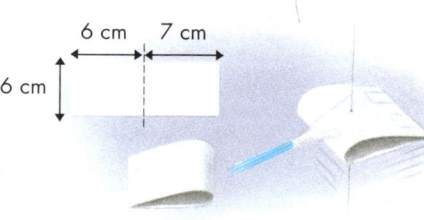

6 cm   7 cm

6 cm

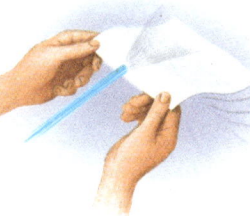

…sie rücken näher zusammen!

…es hebt sich!

…er steigt an dem Faden hoch!

Tragfähiges Profil

Bewegt sich ein so gewölbter Flügel vorwärts, ist die Luft über ihm schneller als die unter ihm. Der Druck von unten ist also stärker als der von oben. Dieser Druckunterschied bewirkt, dass er aufsteigt.

Bei Flugzeugen nennt man diese Kraft der Luft Auftrieb. Der Auftrieb gleicht das Gewicht des Flugzeugs – manchmal bis zu 600 Tonnen – aus und trägt es in der Luft.

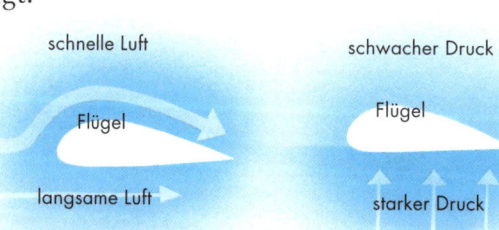

schnelle Luft

schwacher Druck

Flügel

Flügel

langsame Luft

starker Druck

Auftrieb

3 Klebe den Flügel am zweiten Halm fest und drehe dann das Flugzeug um.

4 Mit drei Klebebandstreifen schließt du die Wölbung des Flügels.

Wölbung

5 Jetzt faltest du die Rückenflosse in vier Teile.

Flügel

Rückenflosse

Flugzeugrumpf

6 Sie wird hinten am Trinkhalm fest-geklebt.

7 Beschwere den Segel-flieger mit einer Büro-klammer an der Schnauze.

> **Noch ein Tipp ...**
> Achte darauf, dass die Flosse sich mit dem Flügel unten in einer Ebene befindet.

Druck und Sog

Bei starkem Wind hat ein Kamin stärkeren Zug, weil das Blasen den Sog ver-stärkt.

Zerstäuber und Spritz-pistolen für Farbe arbeiten nach demselben Prinzip wie der Kamin.

Die Blätter einer Schiffs-schraube haben gleichfalls die Form von Flügeln.

Wind

Sog

Der Rauch wird nach draußen gezogen.

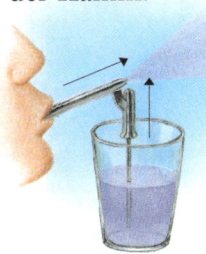

Die Farbe wird angesaugt, wenn man bläst.

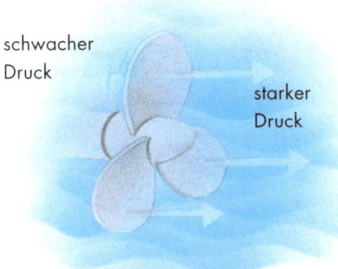

schwacher Druck

starker Druck

Wenn die Schraubblätter das Wasser anziehen, fährt das Schiff.

Zweifach- und Dreifach-Bumerang

Zweifach- und Dreifach-Bumerang sind einfach konstruiert. Form und Anordnung ihrer Blätter bewirken komplizierte aerodynamische Vorgänge, in deren Verlauf die Geschosse zum Werfer zurückkehren.

Einen Dreifach-Bumerang bauen

⬤ ★ ★

Du benötigst:
– Holzleisten, 2 bis 5 mm dick (z. B. von Obstkirschen am Markt; suche die schwersten aus) oder dicke Graupappe
– eine kleine Säge (oder ein Metall-Sägeblatt)
– einen Winkel
– grobes und feines Schleifpapier
– Holzleim
– Wäscheklammern

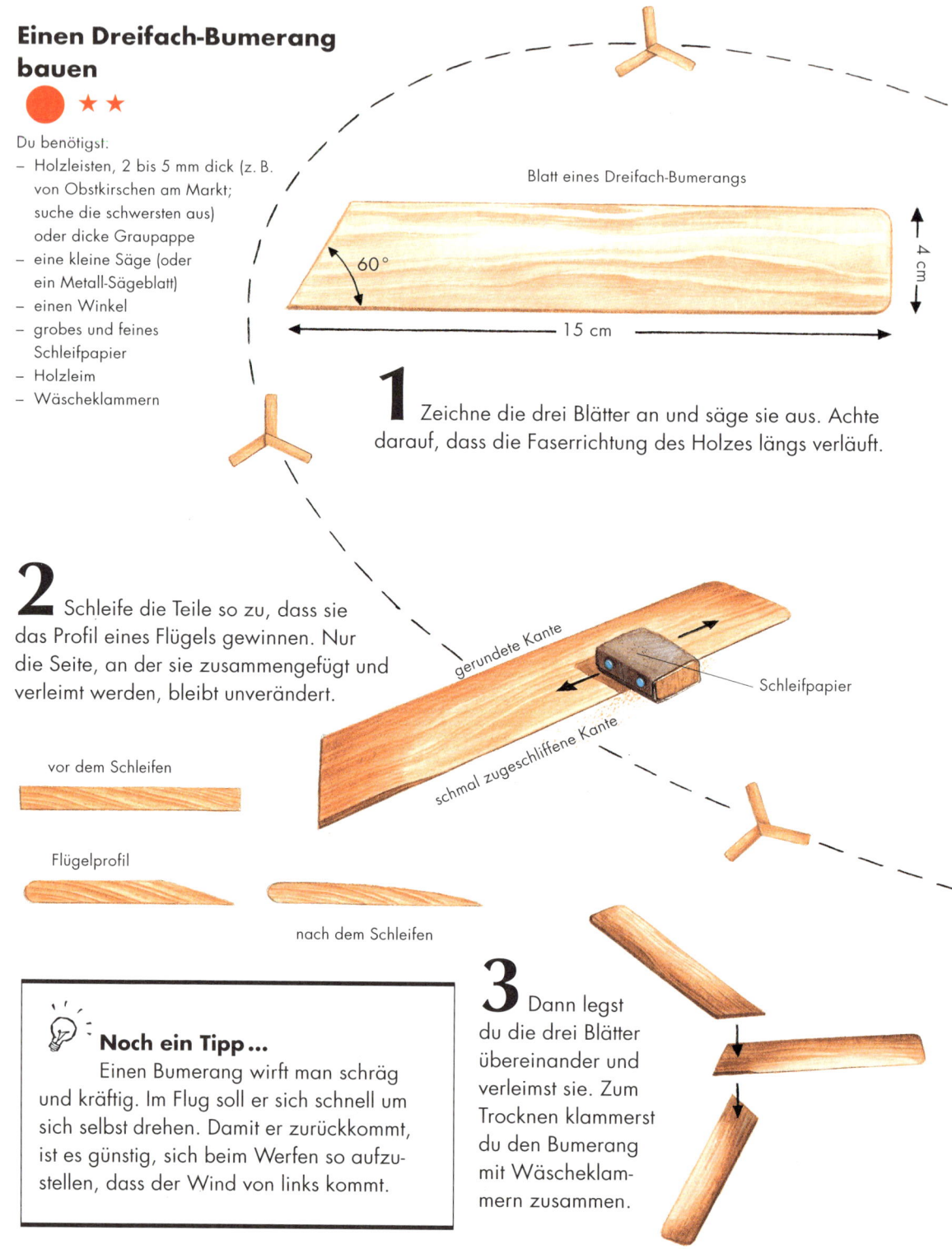

Blatt eines Dreifach-Bumerangs

60°

4 cm

15 cm

1 Zeichne die drei Blätter an und säge sie aus. Achte darauf, dass die Faserrichtung des Holzes längs verläuft.

2 Schleife die Teile so zu, dass sie das Profil eines Flügels gewinnen. Nur die Seite, an der sie zusammengefügt und verleimt werden, bleibt unverändert.

gerundete Kante

Schleifpapier

schmal zugeschliffene Kante

vor dem Schleifen

Flügelprofil

nach dem Schleifen

💡 Noch ein Tipp ...

Einen Bumerang wirft man schräg und kräftig. Im Flug soll er sich schnell um sich selbst drehen. Damit er zurückkommt, ist es günstig, sich beim Werfen so aufzustellen, dass der Wind von links kommt.

3 Dann legst du die drei Blätter übereinander und verleimst sie. Zum Trocknen klammerst du den Bumerang mit Wäscheklammern zusammen.

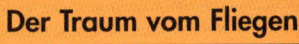

Ein Zweifach-Bumerang wird nach demselben Prinzip mit zwei rechtwinklig zusammengeleimten Blättern gebaut.

Blatt eines Zweifach-Bumerangs

runde Kante

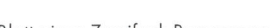

90°

schmal zugeschliffene Kante

Leimseite des Bumerangs für Rechtshänder.

Wenn du Linkshänder bist, verleimst du den Bumerang am anderen Ende.

Der „fliegende Stock"

Erfunden wurde der Bumerang von den Ureinwohnern Australiens. Sie verwendeten ihn zur Jagd. Seine eigenartige Flugbahn und das surrende Geräusch beim Fliegen erschreckten die Vögel. Der Jäger trieb so seine Beute in Fallen (Netze, Lianen etc.). Heute ist das Bumerangwerfen ein Geschicklichkeitsspiel, aber auch ein Wettkampfsport.

Wie bewegt sich ein Bumerang fort?

Je stärker der Auftrieb ist, desto schneller fliegt das Blatt – wie beim Tragflügel eines Flugzeugs. Der Drei-fach-Bumerang dreht sich um sich selbst, die Blätter bewegen sich immer schneller in der Luft und steigen in der ersten Hälfte der Flugbahn am höchsten. Deshalb macht der Dreifach-Bumerang eine Linkskurve, neigt sich wie ein Flugzeug und kommt zurück.

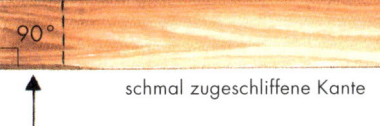

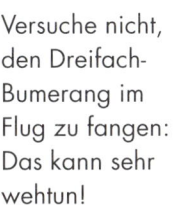

Versuche nicht, den Dreifach-Bumerang im Flug zu fangen: Das kann sehr wehtun!

Drehflügel

Helikopter sind auf stationären Schwebeflug, auf senkrechtes Starten und Landen spezialisiert. Sie sind daher als Transportmittel und für Rettungsflüge in schwer zugänglichem Gelände von unschätzbarem Wert.

Ein Drehflügel (Rotor)

Du benötigst:
– karierten dünnen Karton
– 2 Büroklammern
– eine leere Garnrolle
– kräftigen Kleber
– eine Schere

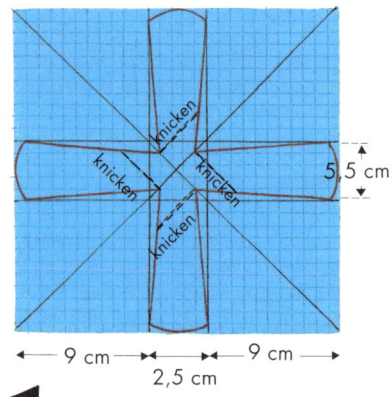

← 9 cm → ← 9 cm →

2,5 cm

5,5 cm

1 Zeichne die vier Flügel wie angegeben auf den Karton und schneide sie aus.

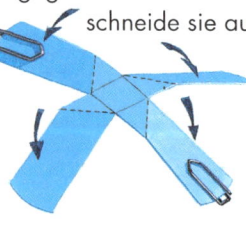

2 Knicke sie leicht und befestige die beiden Büroklammern.

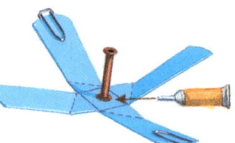

3 In die Mitte klebst du die Garnrolle.

4 Durch eine schnelle Bewegung dreht sich der Rotor.

Drehflügel in der Natur

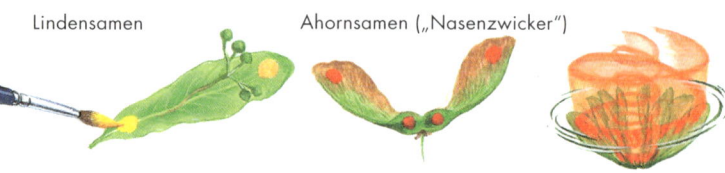

Lindensamen

Ahornsamen („Nasenzwicker")

Zwei farbige Kleckse auf den Samen von Linden oder Ahorn …

… und schon entstehen die herrlichsten Spiralen!

An den rotierenden Blättern aufgehängt

Die langen und schmalen Rotorblätter eines Helikopters haben dasselbe Profil wie die Tragflügel eines Flugzeugs. Sie werden von einem starken Motor bewegt, schrauben sich in die Höhe und ziehen dabei den Hubschrauber mit hoch. Daher auch der Name „Hubschrauber".

B 305

Sehr bewegliche Blätter

schräg gestellte Blätter für seitliche Bewegung

horizontale Lage für stationären Schwebeflug

nach vorne geneigte Blätter bei Vorwärtsbewegung

nach hinten geneigte Blätter für Rückwärtsbewegung

Gegenbewegung

Ohne einen vertikalen Propeller am Heck würde der Hubschrauber sich um sich selbst drehen – und zwar im Gegensinn zur Propellerdrehung. Bei manchen Modellen wird das auch durch zwei horizontale Propeller, die sich entgegengesetzt drehen, verhindert.

Ein Helikopter aus Papier

Du benötigst:
– ein Blatt Schreibmaschinenpapier
– eine Büroklammer
– eine Schere

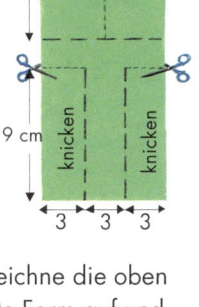

10 cm

9 cm

knicken knicken

3 3 3

1 Zeichne die oben gezeigte Form auf und schneide sie aus.

2 Falte das Blatt.

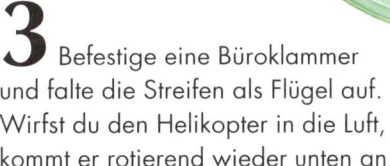

3 Befestige eine Büroklammer und falte die Streifen als Flügel auf. Wirfst du den Helikopter in die Luft, kommt er rotierend wieder unten an.

Vom Tragschrauber zum Hubschrauber

Die Idee des Drehflügels hat zahlreiche Erfindungen inspiriert. Um 1920 stellte Juan de la Cierva (1895–1936) seinen Tragschrauber vor: ein Flugzeug ohne Flügel, mit rotierenden Blättern. Im Jahr 1930 wollte man sogar ein derartiges fliegendes Gefährt für alle bauen! 1937 jedoch entthronte der erste einwandfrei lenkbare und leistungsfähige Hubschrauber von Heinrich Focke und Anton Flettner den Tragschrauber.

Wie konnte man etwa die Länge einer Nacht vor Erfindung der Uhr messen? Mit rinnendem Sand oder Wasser hatte man eine Lösung gefunden: Es wurden Wasser- und Sanduhren gebaut.

Uhren mit Öl und Wachs

Mit der Zeit leert sich der Ölbehälter, und an den Markierungen kann man die vergangene Zeit ablesen. Genauso verbraucht auch die brennende Kerze allmählich das Wachs. Regelmäßig tropft es herunter und zeigt so die Zeit an. Vorsicht allerdings bei Zugluft!

Zuerst die Wasser-, dann die Sanduhr

Ein Loch im Boden eines großen Gefäßes, und die ägyptischen Pharaonen wussten durch den Wasserstand auch nachts, wie viel Uhr es ist. Solche Wasseruhren wurden bis zum Ende des Mittelalters verwendet. Dann füllte man Sand statt Wasser ein, bevor die Gefäße durch richtige Sanduhren ersetzt wurden.

Eine Wasseruhr mit Zifferblatt

Du benötigst:
- 3 Plastikflaschen
- 2 Brettchen (5 × 45 cm)
- kräftiges Klebeband
- eine Stricknadel (Nr. 4)
- einen Flaschenkork
- den Deckel einer Käseschachtel für das Zifferblatt
- 3 Reißzwecken
- 2 Bohrer (∅ 5 und 3 mm)
- Schnur
- ein Styroporstückchen
- einen Schraubhaken
- 2 große Muttern
- eine kleine Mutter
- eine Büroklammer

1 Zwei Flaschen schneidest du den Hals ab, bei der dritten machst du oben einen Einschnitt.

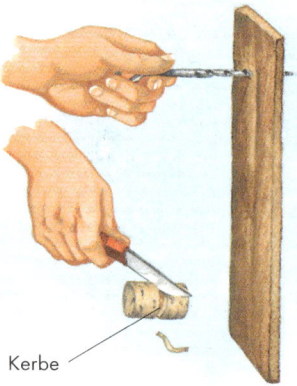

Kerbe

2 Bohre ein Loch durch die Brettchen, den Deckel und den Flaschenkork. In den Kork schneidest du ringsum eine schmale Kerbe.

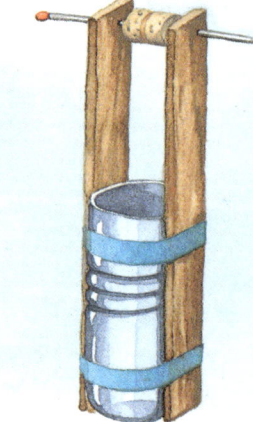

3 Dann befestigst du eine Flasche mit Klebeband zwischen den Brettchen. Die Stricknadel steckst du durch Kork und Löcher.

Ein Chronometer

Du benötigst:
- 2 Gläschen mit Schraubdeckeln
- Kunststoffkleber
- einen Trinkhalm
- einen Bohrer (∅ 3 mm)

1 Klebe die beiden Deckel aufeinander und bohre zwei kleine Löcher hindurch.

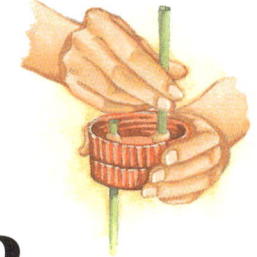

2 Stecke zwei Trinkhalmstücke hinein und befestige sie.

3 Fülle die Gläschen mit Wasser und schraube sie zu. Fertig ist dein Zeitmesser!

Eine Sanduhr

Du benötigst:
- 2 kleine Flaschen mit Schraubverschluss
- Klebeband
- einen Bohrer (∅ 3 mm)
- feinen Sand (oder feines Salz)

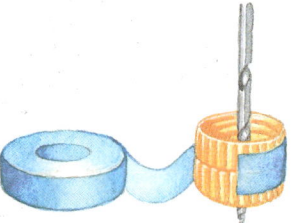

1 Die Verschlüsse mit Klebeband verbinden und ein Loch hindurchbohren.

2 Dann füllst du feinen Sand in eine der Flaschen.

3 Nun schraubst du die Flaschen mit den Verschlüssen zusammen. Je nach Menge des Sands kannst du 1, 2 oder 3 Minuten messen.

4 Stecke das Zifferblatt auf und befestige zwei Reißzwecken. Biege die Büroklammer auf und klebe sie mit Klebeband fest.

5 An einem Ende der Schnur befestigst du das Styroporklötzchen und ziehst eine große Mutter darüber. Dann folgen die kleine und wieder eine große.

6 Bohre ein Loch in die andere Flasche. Dann hängst du die Schnur in der Kerbe des Korks ein.

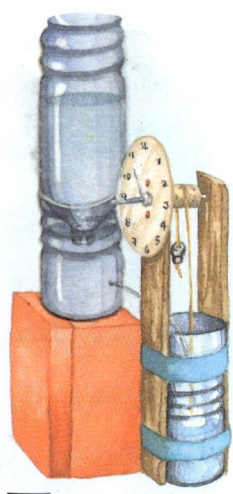

7 Fülle Wasser in die ganze Flasche und drehe sie um. Der Schwimmer steigt mit dem Wasserspiegel, der Zeiger dreht sich und zeigt die Zeit an.

Tick tack... die Uhr

Im Mittelalter wurde der Tagesrhythmus von stündlichem Glocken-läuten bestimmt. Dann gewöhnte man sich durch den Zugverkehr daran, in Minuten zu denken. Und heute erlauben die Messinstrumente, Rekorde in Hundertstelsekunden aufzuzeichnen.

Die Geschenkuhr!

Du benötigst:
- den Mechanismus einer alten Uhr
- Geschenkpapier, Geschenkband, dünnen Karton
- Klebstoff
- eine Käseschachtel

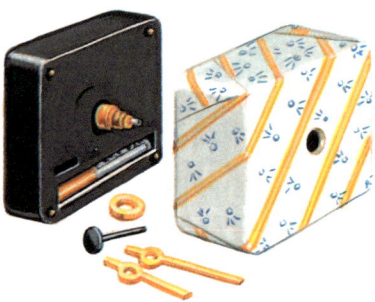

1 Bohre ein Loch durch die Käseschachtel, dann schraubst du den Mechanismus auf diesen Träger.

2 Verziere die Zeiger mit aufge-klebten Bändern oder aus Karton ausgeschnittenen Motiven.

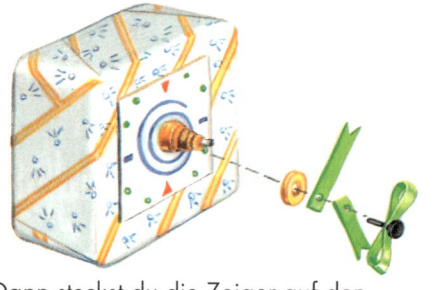

3 Dann steckst du die Zeiger auf den Mechanismus.

Farbige Stunden

1980 brachten die Schweizer Ingenieure Elmar Mock und Jacques Muller die erste Kunststoffuhr auf den Markt. Um die Produktionskosten zu senken, wird diese Uhr von Robotern und mit weniger Einzelteilen gebaut.

Noch ein paar Dekorationsideen

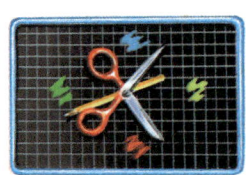

Aus einer Käseschachtel, einer Tafel, einer CD wird eine Tennisuhr, Schuluhr oder Musikuhr!

> **Nicht vergessen!**
> Der Stundenzeiger ist kleiner als der Minutenzeiger.

Das Geheimnis des Pendels

Bastle ein Pendel mit einem Gewicht – z. B. einem Spitzer –, das du an einem Faden befestigst.

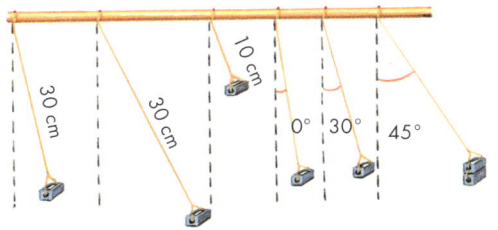

Mache ein paar Versuche mit mehr oder weniger weitem Auspendeln, unterschiedlicher Fadenlänge und verschiedenen Gewichten. Jedes Mal stoppst du die Zeit von 10 Pendelschlägen. Du wirst feststellen, dass die Dauer der Schläge nur von der Länge des Fadens abhängt.

Mechanische oder Quartzuhren

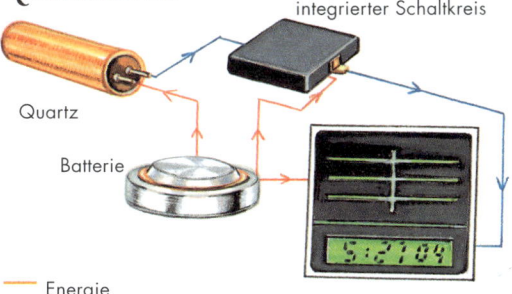

Bahnhofsuhren, Armbanduhren, Pendeluhren … alle funktionieren nach demselben Prinzip: Zum Laufen benötigen sie Energie (Gewicht, Feder oder Batterie), werden über eine Zeiteinheit geregelt (Pendel oder Quartz), zählen die Schläge (Zahnräder oder integrierter Schaltkreis) und zeigen so die Zeit an (Zeiger oder Display).

Innenleben der Uhren von damals

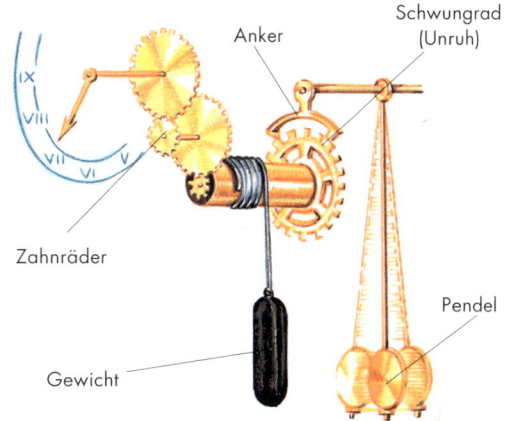

Das Gewicht dreht das Schwungrad (Unruh) und damit auch die Zahnräder und Zeiger. Durch das Pendel bewegt sich auch der Anker und gibt in regelmäßigem Rhythmus einen Zahn des Zahnrads frei. 1675 erfand der holländische Physiker Christiaan Huygens (1629–1695) ein flaches Pendel, mit dem die ersten Taschenuhren gebaut werden konnten.

Millionen von Schwingungen

Quartz ist ein Kristall, das vibriert, wenn es an einen Stromkreis angeschlossen ist. Vom integrierten Schaltkreis werden pro Sekunde 4 Millionen Schwingungen gezählt. Er gibt jede Sekunde ein Signal an den Motor der Zeiger oder das Display (Zahlenanzeige) weiter.

Eine Sonnenuhr

Der Schatten eines Gegenstands wandert, wenn auch die Lichtquelle sich bewegt. Ausgehend von dieser Beobachtung, begannen die Menschen die Zeit zu messen. Und zwar zuerst mit Sonnenuhren. Willst du es auch versuchen?

Das einfachste Modell

Ramme einen Pflock in den Boden. Zu jeder vollen Stunde legst du nun einen Stein ans Ende seines Schattens. Damit es gut klappt, empfiehlt es sich, eine Stelle auszusuchen, die den ganzen Tag über in der Sonne liegt.

morgens
Osten

Eine richtige Sonnenuhr

 ★★

Du benötigst:
- 25 × 25 cm steifen Karton
- 25 × 25 cm weißes Papier
- kräftigen Kleber, eine Schere
- Klebeband, einen Zirkel, einen Winkelmesser, einen Bleifstift, einen knickbaren Trinkhalm
- 2 flache Klammern zum Aufhängen

1 Auf der Rückseite des Kartons befestigst du die beiden Klammern mit Klebeband.

2 Auf die Vorderseite klebst du das weiße Blatt. Dann ziehst du wie gezeigt mit dem Zirkel zwei Kreise mit Radius 10,5 und 12 cm.

Wie hoch ist der Baum?

Ein senkrecht in den Boden gepflanzter Stock ist 1 Meter hoch und wirft einen 2 Meter langen Schatten. Bei einem 12 Meter langen Schatten ist der Baum also 6 Meter hoch. Nehmen wir an, der Schatten eines anderen Baumes wäre genauso lang, der des Stocks jedoch nur 1,5 Meter. Wie hoch ist dann der Baum?

Die Antwort findest du auf S. 154.

Die Sonnenuhr

Der Schatten des Zeigers (d. h. des Trinkhalms deiner Sonnenuhr) wandert und zeigt die Uhrzeit nach dem Sonnenstand (wahre Zeit) an. In Deutschland entspricht die festgesetzte Uhrzeit im Sommer nicht der wirklichen Zeit. Durch die eingeführte Sommerzeit musst du zu der Angabe auf deiner Sonnenuhr eine Stunde hinzuzählen. Die Babylonier hatten schon vor 4000 Jahren Sonnenuhren.

abends
Westen

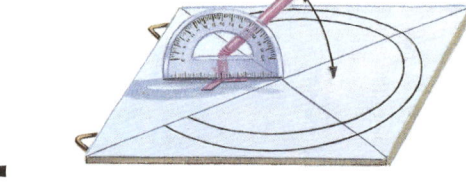

5 Mithilfe deines Winkelmessers biegst du ihn auf etwa 45° herunter.

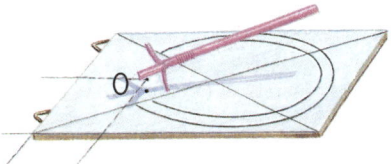

3 Kürze den Trinkhalm ein wenig und schneide ihn dann wie gezeigt auf.

4 Klebe ihn wie in der Zeichnung mit der Mitte in Punkt 0 fest.

6 Die Sonnenuhr hängst du an einer Südseite auf und zeichnest zu jeder Stunde die Lage des Schattens ein. Verziere die Sonnenuhr nach deinem Geschmack und trage Ziffern für die Uhrzeit ein. Scheint die Sonne, kannst du jetzt deine Sonnenuhr verwenden.

Die Temperatur im Schatten festzustellen, ist eine lohnende Aufgabe für einen beginnenden Meteorologen. Mit dem Bau der notwendigen Messinstrumente kannst du deine Wetterstation vervollständigen.

Das Barometer

Du benötigst:
- ein Rechteck aus dickem Karton
- ein Glas
- einen Luftballon
- einen Gummiring
- einen Trinkhalm
- eine Stricknadel
- einen Flaschenkork
- dünnen Karton
- Klebstoff
- Faden

1 Spanne den Ballon über das Glas und befestige ihn mit einem Gummi.

2 Befestige ein Korkstück mit einem Faden am Ende des Trinkhalms und klebe es dann in die Mitte des Ballons.

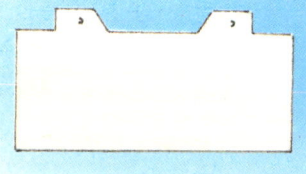

3 Aus dünnem Karton schneidest du diese Form aus und klebst sie mit Klebeband um das Glas.

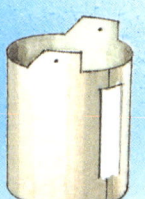

4 Die durchgesteckte Stricknadel dient als Auflager für den Trinkhalm.

5 Nun bereitest du die Anzeige (Skala) für deine Messungen vor.

💡 **Noch ein Tipp...**
Stelle dein Thermometer an einem Platz mit gleich bleibender Temperatur auf.

Ein natürliches Barometer: der Pinienzapfen

Öffnen sich seine Schuppen, ist die Luft trocken. Das Wetter wird schön!
Schließen sie sich, ist Regen angesagt.

6 Installiere dein Barometer. Nimmt der Luftdruck zu, drückt das auf die Membran (Ballon), und der Zeiger (Halm) steigt. Nimmt der Druck ab, drückt die Luft im Glas die Membran nach oben, und der Zeiger fällt.

Hygrometer mit einem Haar

★ ★

Du benötigst:
– ein Brett
– einen Hammer und 2 Nägel
– eine Klammer zum Aufhängen
– einen Knopf und 2 Perlen
– ein langes Haar
– eine leere Garnrolle
  (oder andere Rolle)
– Karton

1 Schlage in der Mitte oben am Brett einen Nagel ein. Auf der Rückseite befestigst du die Aufhängung.

Das Hygrometer

Will man wissen, ob es bald regnet, muss man die in der Luft enthaltene Feuchtigkeit messen. Haare werden in feuchter Luft länger und ziehen sich wieder zusammen, wenn sie trocknen. Deshalb eignen sie sich gut für diesen Zweck.

Das Pluviometer

Mit einem Regenmesser im Freien wird die Regenmenge eines Tages gemessen.

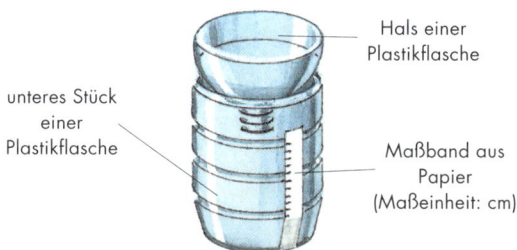

Hals einer Plastikflasche

unteres Stück einer Plastikflasche

Maßband aus Papier (Maßeinheit: cm)

Die Wetterfahne

Auf einem Turm oder Dach zeigt eine Wetterfahne die Windrichtung an.

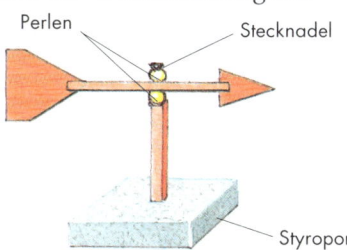

Perlen

Stecknadel

Styropor

2 Das Haar verknotest du am Nagel und hängst den Knopf als Gewicht an.

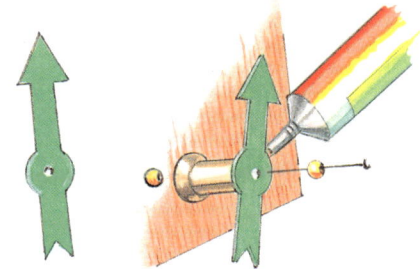

3 Schneide aus Karton einen Pfeil aus. Auf den zweiten Nagel steckst du eine Perle, den Pfeil, die Garnrolle und die andere Perle und befestigst alles unten am Brett.

4 Nun wickelst du das Ende des Haars um die Rolle.

5 Diesen Feuchtigkeitsmesser stellst du an einen feuchten Ort (Küche, Badezimmer) und markierst die Richtung des Pfeils mit einer Wolke. Über einem Heizkörper nimmt der Pfeil eine andere Position ein. Dort zeichnest du eine Sonne.

Wind entsteht durch Bewegung der Luftmassen in der Atmosphäre. Die Windgeschwindigkeit kann man an einem Windmesser (Anemometer) ablesen.

Baue ein Anemometer

Du benötigst:
- 2 Kartenquadrate
  (15 × 15 cm)
- eine große Styroporschale
- eine Stricknadel
  (Nr. 3 oder 3 1/2)
- einen Nagelstift (6 cm)
- eine Kugelschreiberhülse
- Klebeband
- einen Klebestift
- einen Zirkel
- einen Filzstift
- 4 Wäscheklammern

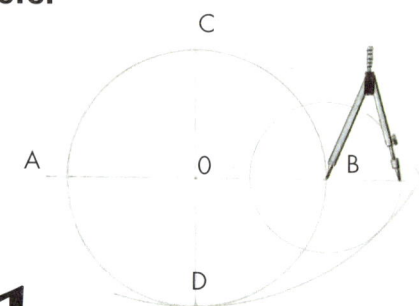

1 Zeichne auf ein Kartonquadrat die oben abgebildete Figur: zuerst einen Kreis mit 4,5 cm Radius und Durchmesser AB bzw. CD; dann einen Kreisbogen mit Radius CD von C, anschließend von D aus; schließlich einen Kreis mit Mittelpunkt B.

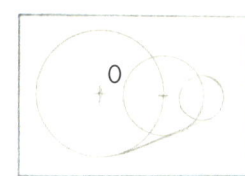

2 Zeichne die Form des Flugzeugs wie gezeigt fertig.

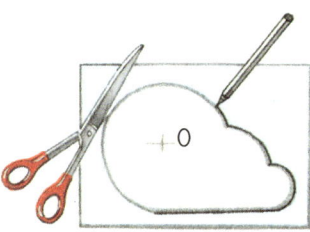

3 Dann schneidest du sie aus und überträgst sie mit Filzstift auf den zweiten Karton und die Styroporschale. Wieder ausschneiden.

Die Windstärke messen

1805 hat der britische Admiral der Marine, Sir Francis Beaufort (1774–1857), eine Messtabelle für die Windstärke entwickelt, die bis heute angewandt wird: die Beaufort'sche Skala. Seine Skala ist in 13 Abschnitte unterteilt – von 0 bis 12. Mit dieser Messtabelle wird die Windstärke bei einer Standardhöhe von 10 Metern über flachem und offenem Gelände angegeben.

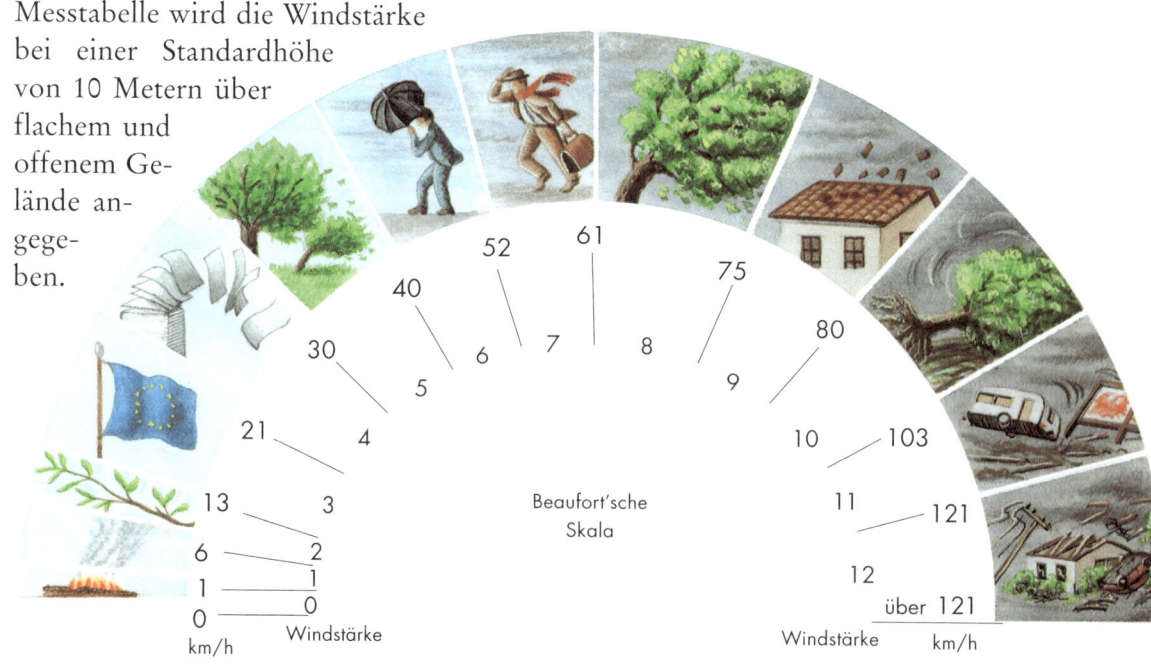

Beaufort'sche Skala

km/h   Windstärke

Windstärke   km/h

über 121

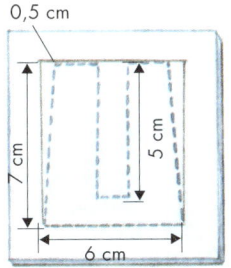

4 Aus dem Rest des Styropors schneidest du wie oben angegeben eine Art Klammer aus.

5 Klebe die beiden Kartonteile auf das Styropor auf und verziere dein Flugzeug.

6 Dann klebst du eine Tabelle auf das Flugzeug.

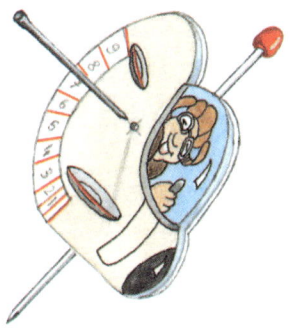

7 Stecke die Stricknadel durch das Styropor und durchbohre das Flugzeug mit dem Nagel. Das Loch vergrößerst du, damit sich der Nagel frei dreht.

8 Mit Klebeband befestigst du jetzt die Styroporklammer am Nagel und steckst die vier Wäscheklammern an.

Wozu dient ein Anemometer?

Anemometer werden überall dort verwendet, wo eine andauernde oder zeitweise Überwachung der Luftströmung notwendig ist: an Flugplätzen, in Hafenanlagen, auf Baustellen im freien Gelände, auf Schiffen und selbstverständlich auch in Wetterstationen und bei der Feuerwehr. In der Regel ermitteln die Anemometer die Windgeschwindigkeit durch die Anzahl der Umdrehungen eines mit Halbkugeln besetzten Windrads. Die ersten Windmesser gaben die Windstärke aufgrund des Neigungsgrads einer beweglichen Schaufel an.

9 Über die Stricknadel schiebst du die Kugelschreiberhülse. So kann sich dein Anemometer in den Wind drehen.

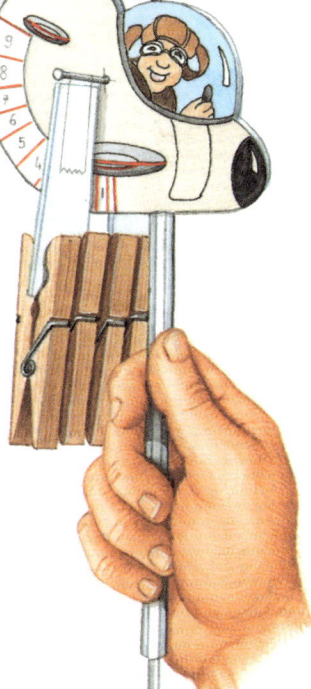

Auf die Dichte!

Ein Liter Alkohol ist leichter als ein Liter Wasser. Trotzdem ist es immer ein Liter – aber die beiden Stoffe haben nicht dieselbe Masse. Die Masse eines Körpers im Verhältnis zu seinem Volumen nennt man Dichte.

Ein Densimeter für Flüssigkeit

Du benötigst:
- ein kleines Glas mit Plastikdeckel
- einen Trinkhalm
- Karton
- Klebstoff
- einen gekauten Kaugummi

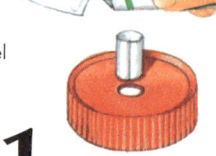
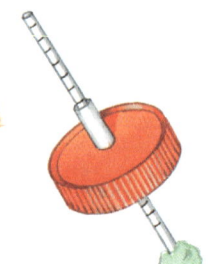

1 Durch die Mitte des Deckels bohrst du ein Loch – etwas größer als der Trinkhalm. Dann bastelst du ein kleines Röhrchen aus Karton.

2 Am Trinkhalm werden Messstriche angetragen. Schiebe das Kartonröhrchen über den Halm und klebe unten den Kaugummi fest. Am Glas machst du einen Strich, damit du es immer mit derselben Flüssigkeitsmenge füllst.

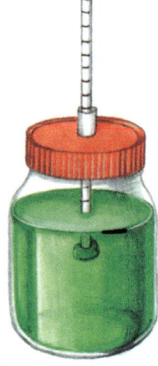

Flüssigkeit	Höhe
Wasser	10
Milch	11
Öl	9

3 Willst du nun die Dichte verschiedener Flüssigkeiten messen (z. B. Wasser, Fruchtsaft, Milch, Salzwasser, Tee, Alkohol), füllst du das Glas immer bis zur Markierung und verschließt es. Am Trinkhalm liest du die Anzahl der Striche ab, die über dem Deckel sichtbar sind.

4 Fertige eine Tabelle zum Vergleich der jeweiligen Dichten an. Je weiter der Trinkhalm nach oben kommt, umso größer ist die Dichte der Flüssigkeit.

Na so was!

Der Eiswürfel schwimmt im Wasser…

Das Bleigewicht ist sehr schwer…

Bleigewicht

… geht aber in Öl unter!

… schwimmt aber in Quecksilber!

Schwimmt etwas oder geht es unter?

Dichte wird berechnet, indem man die Masse eines Körpers durch sein Volumen teilt. Die Dichte von Wasser wurde definiert: Sie beträgt 1. Ist die Dichte eines flüssigen oder festen Stoffs kleiner als 1, schwimmt er; ist sie größer, geht er unter.

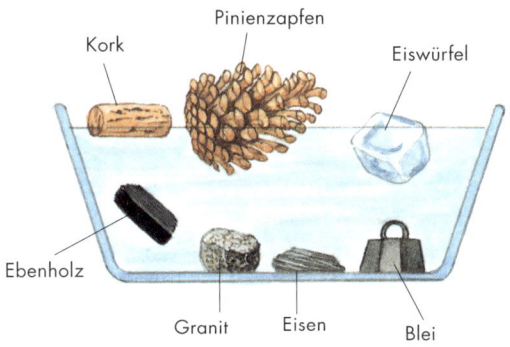

Kork
Pinienzapfen
Eiswürfel
Ebenholz
Granit Eisen Blei

Material	Dichte	Material	Dichte
Kork	0,3	Ebenholz	1,2
Pinienzapfen	0,5	Granit	2,6
Benzin	0,7	Eisen	7,5
Alkohol (90%)	0,8	Blei	1,4
Eis	0,9	Quecksilber	13,6

Fruchtcocktails

 ★

Du benötigst:
– dein Densimeter, ein großes Glas
– farbige Getränke, z. B. Sirup, Saft und Fruchtnektar

1 Bestimme zuerst die Dichte der Flüssigkeiten mit dem Densimeter. Dann bildest du eine Reihenfolge; von der Flüssigkeit mit der größten Dichte bis hin zur geringsten Dichte.

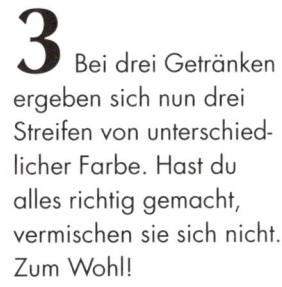

2 In das große Glas füllst du zuerst die Flüssigkeit mit der geringsten Dichte. Es folgen die anderen Getränke in der Reihenfolge zunehmender Dichte. Gieße die Getränke langsam am Rand ein.

3 Bei drei Getränken ergeben sich nun drei Streifen von unterschiedlicher Farbe. Hast du alles richtig gemacht, vermischen sie sich nicht. Zum Wohl!

Elektrizität durch Reibung

Haare, die am Kamm „kleben", der Pullover, der beim Ausziehen „knistert", Blitze – all das sind Formen von statischer Elektrizität. Solche Elektrizität kannst du produzieren und ihre Wirkung beobachten.

Elektrisierter Trinkhalm

Du benötigst:
– einen Plastik-Trinkhalm
– ein Blatt Schreibmaschinenpapier
– Seidenpapier
– Buntstifte
– ein Wolltuch

Hüpfende Frösche

Schneide ein paar Frösche aus Seidenpapier aus und male sie bunt an. Mit dem aufgeladenen Trinkhalm kommst du in ihre Nähe – und du wirst sehen, wie sie hüpfen!

Der Trinkhalm klebt fest!

Solange der Trinkhalm aufgeladen ist, klebt er fest – sogar an einer Wand, an der Tür, an der Kleidung …

Wasser umleiten

Der aufgeladene Trinkhalm lenkt selbst den Wasserstrahl ab.

Ein Boot lenken

Ein Papierboot wird von dem Trinkhalm angezogen; so kannst du es auf dem Wasser steuern.

Was passiert?

Im Normalfall enthalten Gegenstände genauso viel negative (–) wie positive (+) elektrische Ladung: Man sagt, der Gegenstand ist „neutral". Reibt man jedoch bestimmte Gegenstände aneinander, wird dieses Gleichgewicht zerstört. So überträgt sich negative Ladung von dem Wolltuch auf den Trinkhalm. Er lädt sich negativ auf und zieht nun die positive Ladung neutraler Gegenstände an.

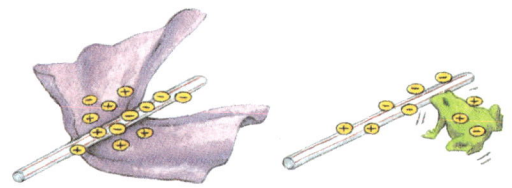

> ## So wird's gemacht…
>
> Lade den Trinkhalm mit statischer Elektrizität auf, indem du ihn an dem Wolltuch reibst. Die Versuche gelingen noch besser bei trockenem Wetter.

Der Entdecker

Der griechische Gelehrte Thales (650–560 v. Chr.) erkannte um 580 v. Chr. als Erster die Existenz statischer Elektrizität. Ein an Stoff geriebener Bernstein zog kleine Strohpartikelchen an.

Der englische Arzt Gilbert (1544–1603) gab diesem Phänomen 1590 den Namen Elektrizität.

Freund oder Feind?

Du benötigst:
- 2 Plastik-Trinkhalme
- eine Nähnadel
- Faden
- ein Wolltuch

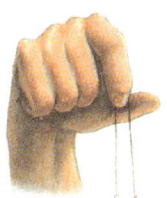

2 Dann lädst du sie gemeinsam auf.

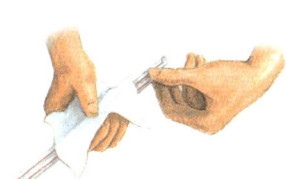

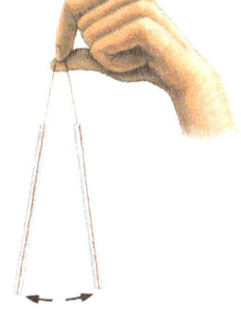

1 Verbinde die zwei Trinkhalme mit Nadel und Faden, sodass sie nebeneinander hängen können.

3 Lass sie an dem Faden baumeln: Sie stoßen sich ab.

Das Verhalten bei Elektrisierung

Unterschiedliche elektrische Ladungen ziehen sich an, gleichartige stoßen sich ab.

Haarkunst ganz leicht gemacht!

Du benötigst:
- 3 Plastik-Trinkhalme
- Seidenpapier
- ein kleines Stück Karton (z. B. Visitenkarte)
- Knetmasse
- Klebstoff
- Buntstifte
- ein Wolltuch

1 Schneide einen Kreis mit 2,5 cm Radius aus und zeichne ein Gesicht ein.

2 Dann klebst du ganz schmale und 6 cm lange Streifen aus Seidenpapier für die Haare und einen Trinkhalm (von hinten) auf.

3 Das Gesicht steckst du in einen Knetmassesockel. Lade die anderen beiden Trinkhalme auf und halte sie hinter das Gesicht. Die Haare stellen sich auf!

Strom fließt

Ein Ventilator, das Fernsehgerät, die Stereoanlage, ein Computer – alle werden mit Strom betrieben. Strom fließt entlang von Drähten, im Allgemeinen Kupferdrähten, die einen Kreislauf bilden. Mit ein paar einfachen Versuchen lässt sich alles besser verstehen.

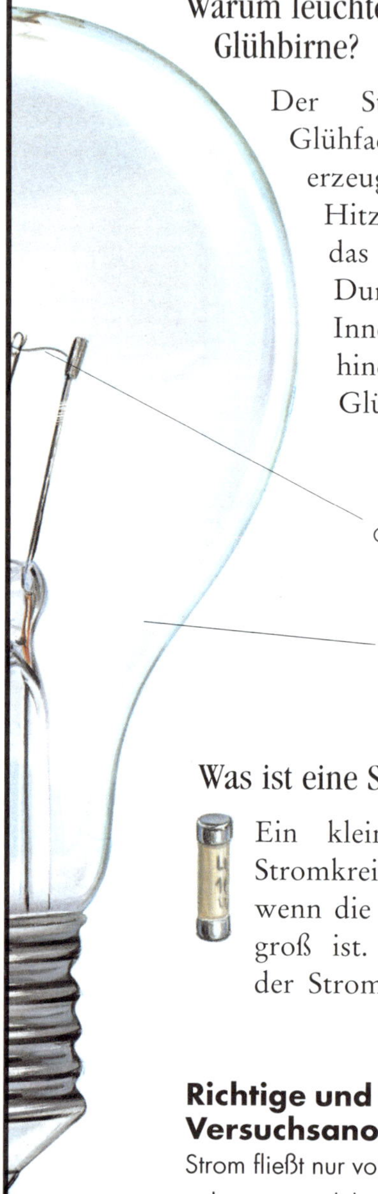

Warum leuchtet eine Glühbirne?

Der Stromfluss im Glühfaden der Birne erzeugt eine enorme Hitze, durch die das Licht entsteht. Durch Gas im Inneren wird verhindert, dass der Glühfaden brennt.

Glühfaden

Gas

Was ist eine Sicherung?

Ein kleiner Draht im Stromkreis, der schmilzt, wenn die Stromstärke zu groß ist. Dadurch wird der Stromfluss unterbro-

Für alle Versuche benötigst du:
- eine flache Batterie (4,5 V) und eine runde Batterie (1,5 V)
- 3 Birnchen (3,5 V) mit Fassungen
- Elektrokabel, ein Brettchen
- Büroklammern, Klebeband
- 2 Reißzwecken
- einen kleinen Schraubenzieher
- ein kleines Messer

Eine Glühbirne anschließen
★

Schneide zwei Kabel auf etwa 20 cm Länge zu, lege an den Enden den Draht frei und installiere den Versuch wie in der Zeichnung unten gezeigt. Die Drähte befestigst du an der Batterie.

Warum geht das Lämpchen aus?

Der Strom fließt von einer Anschlussklemme über den Draht zum Lämpchen und kehrt durch den anderen Draht zur zweiten Klemme zurück. Das nennt man einen Stromkreis. Ist der Stromkreis geschlossen, leuchtet das Lämpchen; steckt man einen Draht aus, ist der Kreislauf unterbrochen, und das Licht geht aus.

★

In welchem Versuch leuchtet das Lämpchen?
Die Antwort findest du auf S. 154.

Richtige und falsche Versuchsanordnung
Strom fließt nur von einem Pol zum entgegengesetzten Pol.

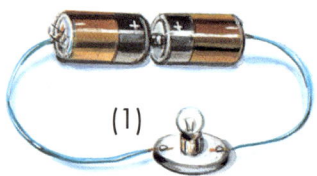

(1)

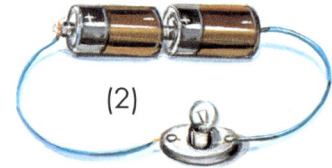

(2)

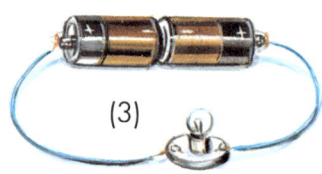

(3)

Mehrere Birnchen anschließen

Führe folgende Versuche durch. Was passiert, wenn du ein Birnchen abschraubst?

Werden die Lämpchen hinter-einander ange-schlossen, teilen sie sich die Energie der Batterie und leuchten nur schwach. Wenn ein Birnchen ausfällt, wird der Stromkreis unterbro-chen, und alles geht aus.

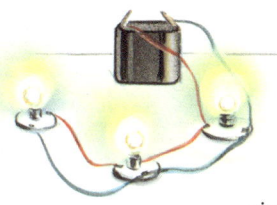

Hier sind die Lämpchen parallel angeschlossen: Sie leuchten kräftiger, weil jedes eigenen Strom erhält. Fällt eine Birne aus, funktio-nieren die anderen beiden noch immer.

Kraftwerk

Transformator

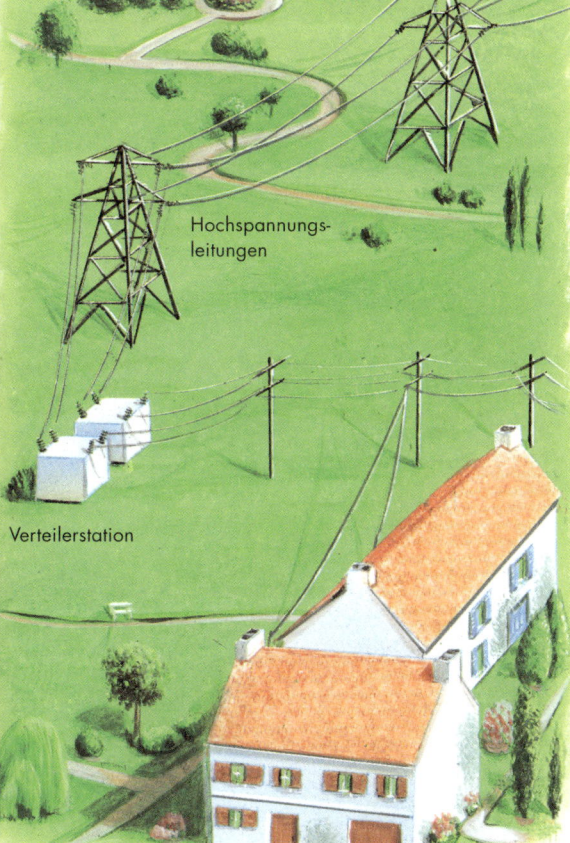

Hochspannungs-leitungen

Verteilerstation

Bastle einen Schalter

1 Biege die Büroklammer s-förmig auf.

2 Stecke die Reißzwecken in das Brettchen und klemme je ein Elektrokabel darunter. Die Büroklammer befestigst du wie in der Zeichnung gezeigt.

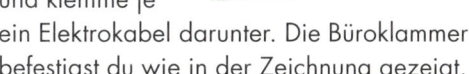

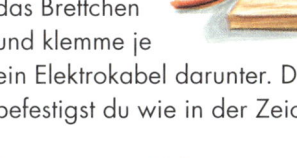

3 Drückst du auf das freie Ende der Büroklammer, leuchtet das Lämpchen auf: der Stromkreis ist geschlossen. Loslassen, und das Birnchen geht aus. Die Büroklammer funktioniert wie ein Schalter.

Blitzschläge

Mit einem Elektroskop kann man die **Aufladung eines Gegenstands** mit statischer Elektrizität leicht nachweisen. Auch kleine Blitze zu erzeugen ist einfach … mit etwas Geduld.

Ein Elektroskop

Du benötigst:
- 2 Kartons (4 × 6 cm und 4 × 4 cm)
- Alufolie
- Klebstoff
- einen Trinkhalm
- Knetmasse
- einen Hefter
- ein Zündholz

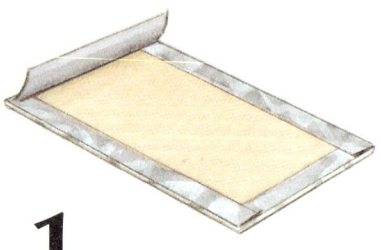

1 Das Kartonrechteck überziehst du mit Alufolie.

2 Vorne heftest du eine Alulasche (1 × 4 cm) so fest, dass die Heftklammer nur halb im Karton steckt. So kann die Lasche frei schwingen.

3 Überziehe auch das Kartonquadrat mit Alufolie. Durch die Mitte bohrst du ein Loch und klebst das Zündholz hinein.

4 Den Trinkhalm steckst du in einen Knetmassesockel und klebst das Rechteck daran fest. Es soll 3 bis 4 mm über den Halm hinausstehen.

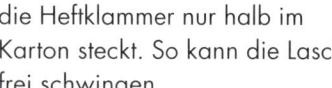

5 Nun steckst du das Quadrat mit dem Zündholz in den Trinkhalm. Dein Elektroskop ist fertig.

Wie funktioniert das Elektroskop?

Der Gegenstand, den du in die Nähe des Elektroskops bringst, ist positiv geladen. Er zieht die negative Ladung des Elektroskops an. Dadurch verschiebt sich die positive Ladung im Rechteck nach unten, die Lasche wird abgestoßen und hebt sich.

Ein Blitzauslöser

Du benötigst:
– eine Kartonscheibe
  (∅ 8 cm)
– einen Kartonstreifen
  (4 × 15 cm)
– Klebstoff
– Alufolie
– eine Plastiktüte
– einen Müllbeutel
  (dickes Material)
– ein Wolltuch

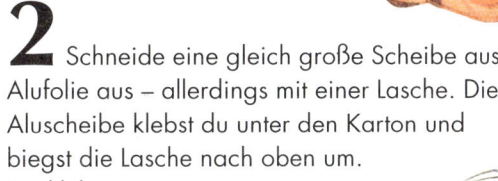

1 Knicke den Kartonstreifen zu einem Griff. Überziehe ihn mit Teilen der Plastiktüte und klebe ihn auf die Scheibe.

2 Schneide eine gleich große Scheibe aus Alufolie aus – allerdings mit einer Lasche. Die Aluscheibe klebst du unter den Karton und biegst die Lasche nach oben um. Festkleben.

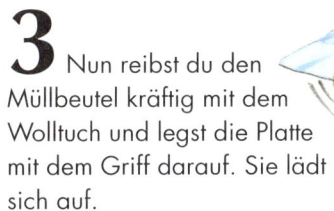

3 Nun reibst du den Müllbeutel kräftig mit dem Wolltuch und legst die Platte mit dem Griff darauf. Sie lädt sich auf.

4 Bringst du einen Metallgegenstand in die Nähe der Alulasche, hörst du das Knistern eines Funkens. Wiederholst du das im Dunkeln, siehst du auch das Licht dieser winzigen „Blitze".

Was ist passiert?

Die „Explosion" wird durch das Zusammentreffen einer großen Menge entgegengesetzter Ladung hervorgerufen. An dieser Stelle wird die Luft sehr heiß und leuchtet.

Blitze bei einem Gewitter

Ein Blitz entsteht nach demselben Prinzip. Negative Ladungen sammeln sich im unteren Bereich der Gewitterwolken. Die Anhäufung ist so groß, dass sich in bestimmten Augenblicken ein Teil dieser Ladung löst – und zwar in Richtung Sonne und positiver Ladung. Beim Zusammenstreffen entsteht der große „Funke". Die Luft wird dabei zum Leiter, sie wird in dem Moment erleuchtet und stark erhitzt.

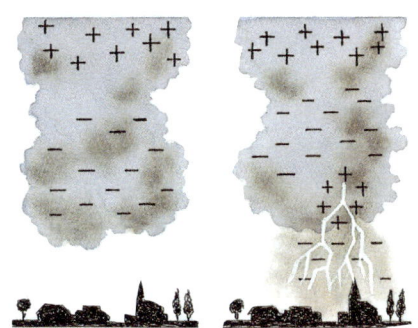

Leiter oder Nichtleiter?

Fließt Strom oder fließt er nicht? Durch bestimmte Materialien – die Leiter – fließt der Strom hindurch, andere hingegen unterbrechen den Fluss und werden zum Schutz vor Strom verwendet. Das sind Isolatoren (Nichtleiter). Wie ist das zu erkennen?

Die Leitfähigkeit testen

Du benötigst:
- eine 4,5 V-Batterie
- 2 Büroklammern
- 3 an den Enden freigelegte Elektrokabelstücke
- Gegenstände aus verschiedenen Materialien (z. B. Metall, Plastik, Holz, Glas, Gummi, Stein, Stoff ec.)
- ein Glühbirnchen mit Fassung

1 Schließe die Elektrokabel wie oben gezeigt an. Überprüfe, ob das Lämpchen leuchtet, wenn du die beiden freien Enden miteinander in Kontakt bringst.

2 Prüfe nun deine Gegenstände, indem du sie mit den beiden Drahtenden berührst. Leuchtet das Lämpchen, ist der Gegenstand ein Leiter; wenn nicht, ist er ein Isolator.

Leitet Wasser den Strom?

Du benötigst:
- eine 9 V-Batterie
- 3 an den Enden freigelegte Elektrokabelstücke
- ein Glühbirnchen mit Fassung
- ein Glas destilliertes Wasser
- Salz

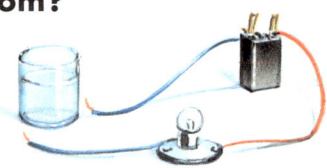

1 Schließe die Stromkabel an (an den Klemmen der Batterie kannst du sie mit zwei Zündholzstückchen befestigen).

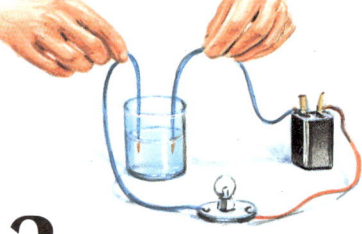

2 Nun tauchst du die beiden Drahtenden so in das destillierte Wasser, dass sie sich nicht berühren. Das Lämpchen leuchtet nicht auf: Destilliertes Wasser ist kein Leiter.

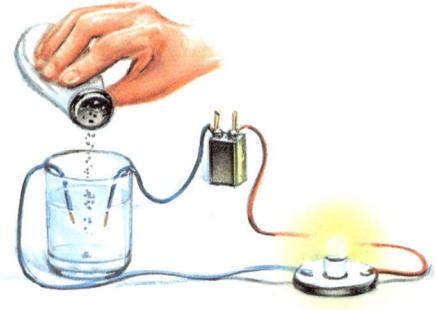

3 Gib Salz ins Wasser und rühre um. Diesmal leuchtet das Birnchen: Salzwasser ist ein guter Leiter. Die Bläschen, die du siehst, sind ein Zeichen für den Stromfluss im Salzwasser.

Kupfer: ein guter Leiter

Kupfer wird bei der Herstellung von elektrischen Teilen und Geräten sehr häufig verwendet. Es setzt dem Stromfluss kaum Widerstand entgegen. Heute jedoch werden die besten Leiter künstlich hergestellt – aus Materialien auf Kohlehydratbasis. Man passt die Leitungen dem Strom an.

Stromtransport

Meist werden über Land Leitungen aus Metall geführt, die an Masten aufgehängt sind. Die Spannung des darin transportierten Stroms kann bis zu 400 000 V betragen. Damit der Strom nicht in den Leitungsmast fließt, wird ein direkter Kontakt durch Isolatoren aus Keramik oder Glas verhindert.

Strom heizt auf

Fließt Strom in einem Metalldraht, der ausreichend Widerstand bietet, kommt es zu einer enormen Erhitzung. Auf dieser Wirkung basieren zahlreiche elektrische Geräte, die alltäglich in Gebrauch sind – z. B. elektrische Heizkörper, Toaster, Herd, Bügeleisen etc.

⚠ Achtung Lebensgefahr!

Berühre niemals eine auf den Boden gefallene Hochspannungsleitung! Dein Körper ist ein Leiter, und der Stromfluss im Körper kann tödlich sein.

Taschenlampe, Fotoapparat, Radio, Spielzeugmotoren, Armband-uhren u. v. m. werden mit Strom aus einer Batterie betrieben. Diesen Energiespeicher sehen wir uns einmal etwas näher an.

Eine Batterie herstellen

Du benötigst:
- 5 Kupferscheiben
- 5 Zinkscheiben
- mit Salzwasser getränktes Löschpapier
- 2 an den Enden frei-gelegte Elektrokabel (je 20 cm lang)
- Klebeband

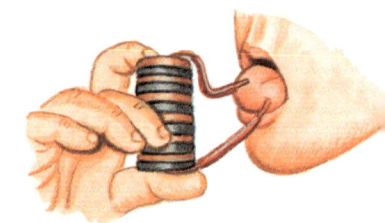

1 Befestige einen Draht mit Klebe-band an einer Kupferscheibe, den anderen an einer Zinkscheibe. Dann stapelst du die Scheiben zu einem Turm und legst jeweils Löschpapier dazwischen.

2 Nun legst du die beiden Kabelenden auf deine Zunge. Das leichte Kribbeln kommt davon, dass sich Strom auf deiner Zunge entlädt. Den gleichen Test kannst du auch mit einer 4,5 V-Batterie durchführen.

Wie es begann …

Im Jahr 1800 entdeckte der italienische Physiker Alessandro Volta (1745–1827) eine Möglichkeit, Strom zu erzeugen. Er stapelte Kupfer- und Zinkscheiben zu einer Säule; dazwischen lagen jeweils in Salzwasser getränkte Tücher. Als Volta gleichzeitig die oberste und unterste Scheibe berührte, spürte er einen Strom-schlag. Tatsächlich war durch eine chemi-sche Reaktion in der Säule Strom erzeugt worden. Die Batterie war geboren.

Eine Zitronenbatterie

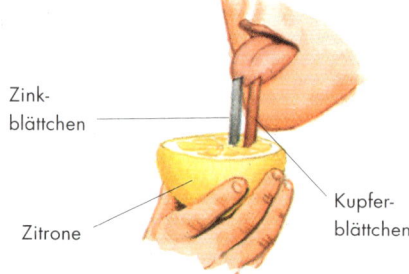

Zink-blättchen

Zitrone

Kupfer-blättchen

Stecke die beiden Metallblättchen in densel-ben Abschnitt der Zitrone. Sie dürfen sich nicht berühren. Auf der Zunge spürst du ein leichtes Kribbeln: Es fließt Strom.

Die trockene Batterie…

Messing

feinporige
Kohle
(Graphit)

chemisches
Gemisch

Zink

…funktioniert nach demselben Prinzip. Eine Zinkhülse umschließt ein chemisches Gemisch, den Elektrolyt, und einen Kern aus feinporiger Kohle. Durch die chemische Reakion wird Strom erzeugt. Verliert das Gemisch seine Eigenschaften, ist die Batterie verbraucht.

Eine Essigbatterie

 ★★

Du benötigst:
– einen Glasbehälter
– ein Kupferblättchen
– ein Zinkblättchen
– 2 Büroklammern
– 2 an den Enden freigelegte Elektrokabel
– ein Glühbirnchen mit Fassung
– Essig

1 Fülle den Behälter mit Essig. Das ist der Elektrolyt für die Batterie.

Elektroden

2 Schließe die Kabel wie gezeigt an und tauche die beiden Blättchen (die Elektroden) in den Essig: Das Lämpchen leuchtet.

3 Das Lämpchen leuchtet, sobald der Kontakt hergestellt ist; nimmt man die Elektroden heraus, geht es aus.

Akkumulatoren

Batterien, die man wieder aufladen kann, heißen Akkumulatoren (Akkus). Die Akkus eines Autos sind parallel geschaltet.

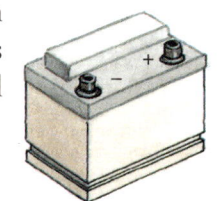

Die Batterie ist ein Generator

Batterien erzeugen Strom von gleich bleibender Stärke, der alle Elektronen in eine Richtung lenkt – vom Minus- zum Pluspol.

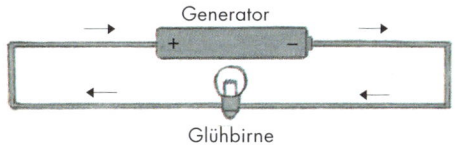

Generator

Glühbirne

Spiele mit Strom

Einfache Spiele mit Strom kannst du selbst anfertigen und damit das Wissen deiner Freunde auf die Probe stellen – aber auch ihre Geschicklichkeit, ruhige Hand und Geduld.

Geschicklichkeitsmesser

Du benötigst:
– ein Brett (20 × 40 cm)
– eine 4,5 V-Batterie
– ein Glühbirnchen mit Fassung
– festen Metalldraht (z. B. von einem Kleiderbügel)
– Klebeband
– einen Hammer
– eine Zange
– 2 Drahtklammern (∩)
– 3 an den Enden freigelegte Elektrokabel (jeweils 50 cm lang)

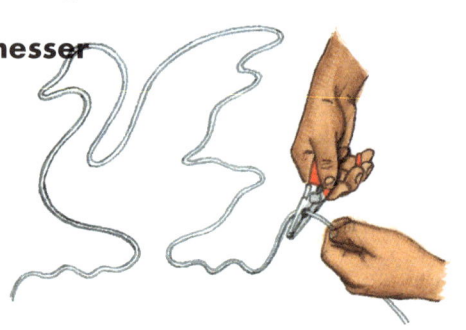

1 Mit der Zange biegst du den Draht in eine Form mit mehreren Rundungen (z. B. ein Tier, eine Figur o. ä.). An den Enden bildest du Schlingen.

2 Befestige die Form mit den Klammern am Brett. Das Elektrokabel isolierst du auf jeder Seite mit Klebeband.

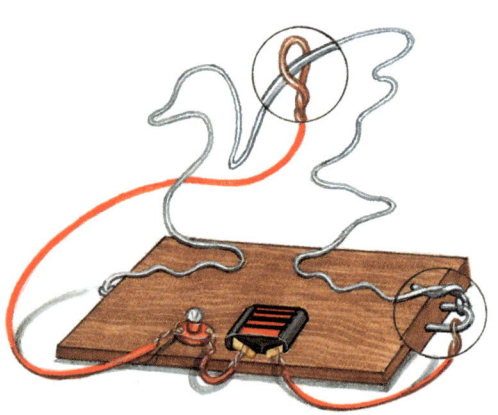

3 Am Ende des längsten Kabels bildest du eine Schlinge von etwa 1 cm Durchmesser. Dann schließt du Birnchen und Batterie wie oben gezeigt an.

4 Nun fährt man mit der Schlinge so schnell wie möglich die Form nach. Dabei soll das Lämpchen nicht aufleuchten. Die Schlinge funktioniert wie ein Schalter: Berührt sie den Draht, schließt sich der Stromkreis.

Autoscooter

Die Stange am Fahrzeug leitet den Strom vom Gitter an der Decke zum Elektromotor, der die Räder bewegt. Genauso werden elektrische Züge durch Oberleitungen über den Schienen mit Strom versorgt.

Ein Quiz

Du benötigst:
– 16 × 21 cm steifen Kartons
– 10 Briefklammern aus
  Messing
– eine 4,5 V-Batterie
– ein Birnchen mit Fassung
– Elektrokabel
– einen Bleistift

1 Auf die linke Seite des Kartons schreibst du Fragen (du kannst auch Klebeetiketten verwenden), auf die rechte die Antworten – aber durcheinander …

2 Stecke die Briefklammern wie abgebildet durch den Karton. Dann verbindest du mit Elektrokabelstücken die Briefklammern der Fragen jeweils mit denen der richtigen Antwort. Schließe Batterie und Birnchen an.

Ein Beispiel:

Länder	Hauptstädte
Italien	Athen
Spanien	Rom
Deutschland	Brüssel
Griechenland	Madrid
Belgien	Berlin
USA	Neu Delhi
China	Washington
Indien	Tokio
Japan	Peking

Noch ein Tipp …

Schlinge zuerst die Drahtenden um die Klemmen der Briefklammer. Dann erst klappst du sie um.

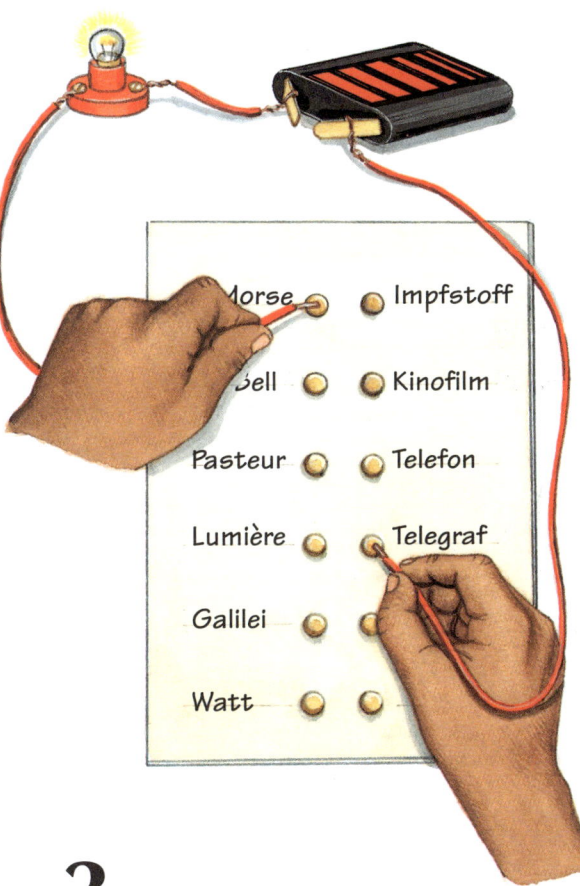

Morse — Impfstoff
Bell — Kinofilm
Pasteur — Telefon
Lumière — Telegraf
Galilei
Watt

3 Beim Spielen setzt man ein Kabelende auf den Frage-, das andere auf den Antwortknopf. Ist die Antwort richtig, leuchtet das Lämpchen.

Höchste Überwachungsstufe!

Alarmanlagen melden einen Einbruch oder warnen vor einer Gefahr. Beim Durchbrechen einer Lichtschranke, bei Veränderung der Temperatur, Berührung mit einer Oberfläche, durch Rauch u. v. m. wird eine Sirene ausgelöst, klingelt das Telefon, schließt sich eine Tür…

Ein Schritt … und die Sirene ertönt!

Du benötigst:
- eine 4,5 V-Batterie
- einen Brummer (Vibrator)
- 20 Büroklammern
- 30 cm Alufolie
- 2 Trinkhalme
- Klebeband
- Elektrokabel

1 Lege die Enden des Elektrokabels und diejenigen des Brummers frei. Daran befestigst du drei Büroklammern.

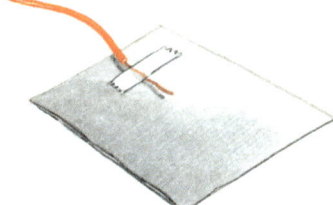

2 Mit Klebeband befestigst du das Elektrokabel auf der Alufolie, die du zu einem Rechteck gefaltet hast (15 × 20 cm).

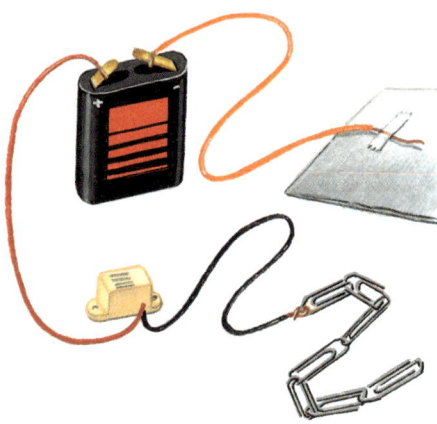

3 Aus den übrigen Büroklammern bildest du eine Kette.

4 Unter einem Teppich klebst du die Kette zwischen den beiden Trinkhalmen am Boden fest.

5 Dann legst du das Alurechteck darüber und schlägst den Teppich zurück. Tritt eine Person auf die Halme, wird der Alarm ausgelöst.

> ⚠ **Vorsicht!**
> Der Brummer ist eine polarisierte Komponente, d. h. er muss mit dem roten Kabel am +-Pol der Batterie angeschlossen werden.

Geheimschublade ◐ ★★

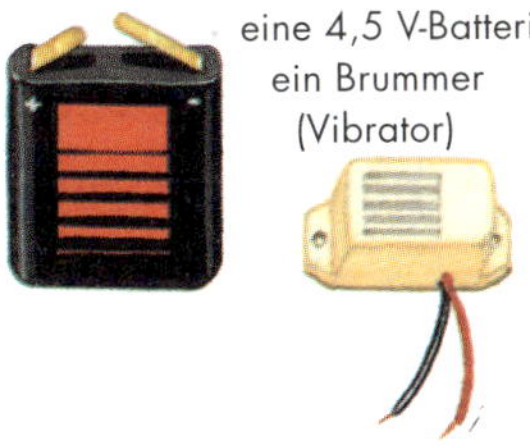

eine 4,5 V-Batterie
ein Brummer
(Vibrator)

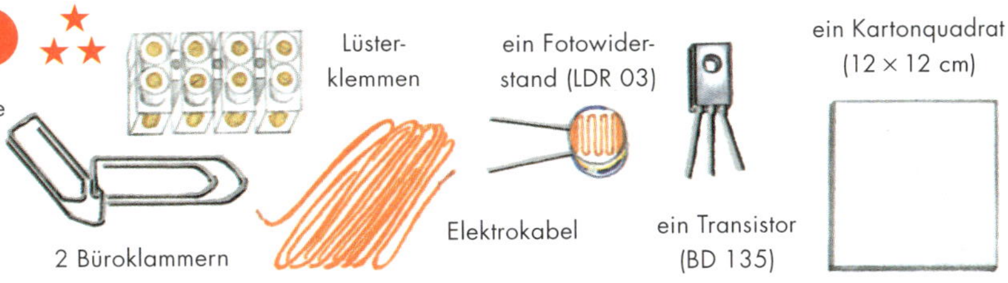

Lüster-
klemmen

ein Fotowider-
stand (LDR 03)

ein Kartonquadrat
(12 × 12 cm)

2 Büroklammern

Elektrokabel

ein Transistor
(BD 135)

1 Die
Klemmen des
Transistors
biegst du leicht aus-
einander.

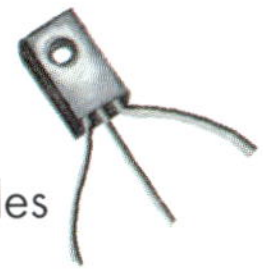

2 Dann schließt du
alles wie gezeigt
an den Lüster-
klemmen an.

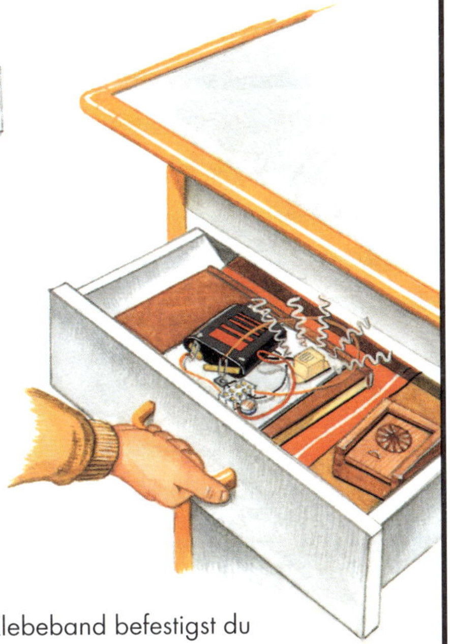

3 Ziehe die Schrauben fest und schließe
die Batterie an.

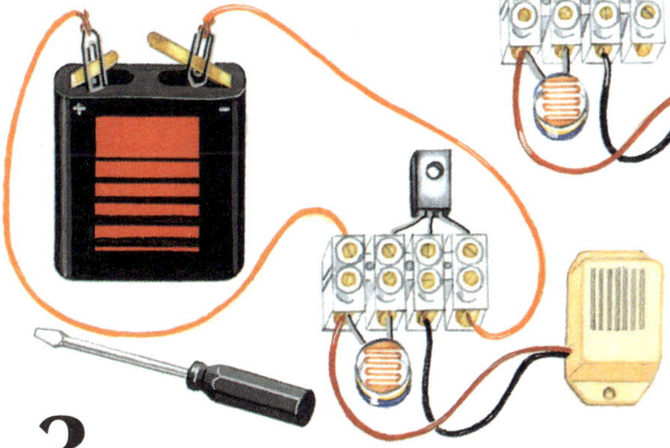

4 Mit Klebeband befestigst du
die Alarmanlage auf dem Karton
und legst sie in eine Schublade.

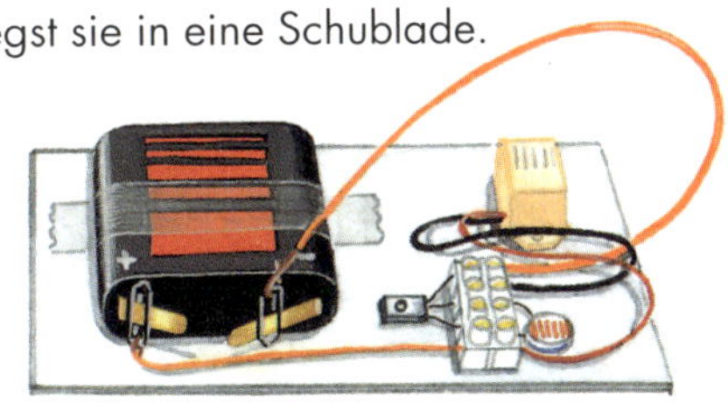

Der Transistor: ein spezieller Schalter

In dieser Anordnung funktioniert der
Transistor wie ein Schalter. Seit diese
Komponente mit den drei Anschlüssen in
den 50er-Jahren erfunden wurde, sind
enorme Fortschritte in der Elektronik
erzielt worden.
Ist die Schublade geschlossen, empfängt der
Fotowiderstand kein Licht. Dadurch ist
sein Widerstand so groß, dass kein Strom
an die Transistorbasis weitergeleitet wird.

Kommt der Fotowiderstand ans Licht,
nimmt sein Widerstand ab. Schwacher
Strom erreicht die Basis des Transistors,
sodass zwischen den beiden anderen
Anschlüssen Strom fließen kann: Der
Brummer ertönt.

Ein Elektromotor

Wird die Anziehungskraft der Magnete und die elektrische Energie der Batterien auf geschickte Weise kombiniert, kann man einen Elektromotor bauen, der sich sehr schnell dreht. Und los geht die Fahrt!

1 Schneide den Flaschenkork ein und wickle das Telefonkabel etwa 20-mal auf. Die freigelegten Enden des Kabels sollen auf einer Seite liegen.

2 Biege die Kupferdrahtenden halbkreisförmig und stecke sie in den Kork. Als Achse steckst du zwei Stecknadeln in die Seiten.

Elektromotoren

Alle Elektromotoren funktionieren nach demselben Prinzip – unabhängig davon, ob sie eine Lokomotive, einen Mixer oder ein Auto antreiben. Das einzige Problem ist die Energiequelle: Der Zug wird über die Oberleitung ständig mit Strom versorgt, der Mixer per Stecker ans Netz angeschlossen; bei einem Elektroauto muss die Stromversorgung jedoch über Batterien mitgeführt werden, die regelmäßig wieder aufgeladen werden müssen.

Noch ein Tipp ...

Der Kork mitsamt seiner Ausstattung muss gut ausbalanciert sein und sich frei auf der Achse drehen. Um die Leistungsfähigkeit zu erhöhen, kannst du auch mehrere Magnete aufkleben. Die mit der Batterie verbundenen Kabel können normale Elektrokabel sein. Ihre freigelegten Enden franst du pinselartig aus.

Ruhig, robust, sauber und kompakt:
Für das Stadtauto der Zukunft weist der
Elektromotor ideale Qualitäten auf.

Du benötigst:

◐ ★★

10 × 10 cm
festen Kartons

6 Stecknadeln

einen Flaschenkork

1 m Telefonkabel

eine 4,5 V-
Batterie

ein Taschenmesser

Elektrozange

einen Magnet
(oder mehrere)

3 Damit hängst du den Kork auf vier kreuzförmig in den Karton gesteckte Stecknadeln. Den Magnet schiebst du unter die Spule.

Elektromagnetisches Kraftfeld

Der Magnet schafft in seiner Umgebung ein Magnetfeld. Sobald Strom in der Spule fließt, entsteht dadurch ein elektromagnetisches Kraftfeld, das den Rotor dreht.

Den Magnet kann man auch durch einen Elektromagnet (aus einer Wicklung, durch die Strom fließt, siehe S. 98) ersetzen. In diesem Fall besteht der Elektromotor aus zwei Spulen. Eine ist fest installiert: Sie erzeugt das Magnetfeld. Die andere, bewegliche, rotiert.

4 Schließe nun zwei Elektrokabelstücke an der Batterie an. Mit den Enden berührst du vorsichtig die freigelegten Enden der Wicklung.

Der universelle Elektromotor

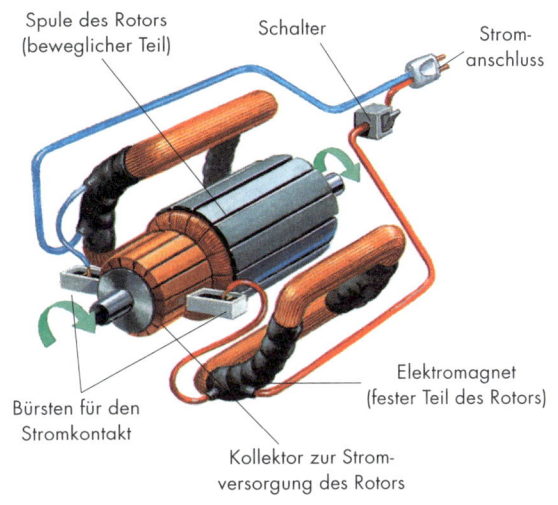

Spule des Rotors
(beweglicher Teil)

Schalter

Strom-
anschluss

Bürsten für den
Stromkontakt

Kollektor zur Strom-
versorgung des Rotors

Elektromagnet
(fester Teil des Rotors)

Lösungen

S. 30

1 Da Alkohol bei 78 °C kocht, ist es nicht möglich, mit einem Alkoholthermometer die Temperatur von kochendem Wasser (100 °C) zu messen. Verwendet wird deswegen ein **Quecksilberthermometer.**

2 Quecksilber gefriert bei 39 °C unter Null. Deswegen kann man die niedrigste Temperatur auf der Erde nur mit einem **Alkoholthermometer** messen.

S. 53

Die Schallgeschwindigkeit beträgt 330 Meter pro Sekunde. Wenn zwischen Blitz und Donner 15 Sekunden vergehen, ist der Blitz **4950 Meter** entfernt (15 × 330 = 4950).

S. 68

Die Geschwindigkeit des Laserstrahls beträgt 300 000 Kilometer pro Sekunde. Für den Hin- und Rückweg benötigt er 2,56 Sekunden, d. h. 1,28 Sekunden für den einfachen Weg.
300 000 × 1,28 = 384 000

Die Erde ist **384 000 Kilometer** vom Mond entfernt.

S. 88

Rad **a** dreht sich im Uhrzeigersinn.

S. 101

Der Hebearm entspricht Hebelart **3**.
Der Schaufelarm entspricht Hebelart **1**.
Die Schaufel entspricht Hebelart **3**.

S. 103

Stuhl **a** ist schneller zu drehen, weil der Schraubengang größer ist.

S. 104

Die Reihenfolge der Flügelbewegung lautet: **a, d, b, c.**

Der tote Punkt oben entspricht der höchsten Flügelstellung. Der tote Punkt unten entspricht dem niedrigsten Punkt der Flügel.

S. 107

Das letzte Zahnrad dreht sich **im Uhrzeigersinn.**

S. 108

Um die geringste Geschwindigkeit zu erzielen, muss man den Riemen zwischen **Rolle 1 und 4** befestigen.

S. 131

Die Höhe des Baums beträgt **8 Meter.**

S. 140

Strom fließt nur von einem Pol zum entgegengesetzten Pol.
In Beispiel **2** ist der Stromkreis geschlossen: **Das Lämpchen leuchtet auf.**
In den Beispielen **1** und **3** fließt kein Strom, weil die Richtung nicht beachtet wurde: **Das Lämpchen leuchtet nicht.**

Register

(Die Begriffe mit den fettgedruckten Ziffern findest du besonders ausführlich erklärt; die Pfeile verweisen dich auf einen weiteren Begriff unter dem du nachschlagen kannst.)